ଦ୍ୱା ସୁପର୍ଣ୍ଣା

ଦ୍ୱା ସୁପର୍ଣ୍ଣା

ସୌଭାଗ୍ୟ କୁମାର ମିଶ୍ର

BLACK EAGLE BOOKS
2021

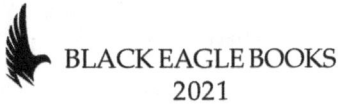

BLACK EAGLE BOOKS

USA address:
7464 Wisdom Lane
Dublin, OH 43016

India address:
E/312, Trident Galaxy, Kalinga Nagar,
Bhubaneswar-751003, Odisha, India

E-mail: info@blackeaglebooks.org
Website: www.blackeaglebooks.org

First International Edition Published by
BLACK EAGLE BOOKS, 2021

DWA SUPARNA
by **Soubhagya Kumar Misra**

Copyright © **Soubhagya Kumar Misra**

All rights reserved. No part of this publication may be reproduced, stored in a retrieval system, or transmitted, in any form or by any means, electronic, mechanical, photocopying, recording or otherwise without the prior permission of the publisher.

Cover & Interior Design: Ezy's Publication

ISBN- 978-1-64560-142-5 (Paperback)

Printed in United States of America

ଶ୍ରୀମତୀ ରମ୍ଭା ଦେବୀ

ଶ୍ରୀଯୁକ୍ତ ରଘୁରାମ ମିଶ୍ର

କରକମଳେଷୁ

ଦ୍ୱା ସୁପର୍ଣ୍ଣା ସୟୁଜା ସଖାୟା
ସମାନଂ ବୃକ୍ଷଂ ପରିଷସ୍ୱଜାତେ
ତୟୋରନ୍ୟଃ ପିପ୍‌ପଳଂ ସ୍ୱାଦ୍ୱତ୍ତ୍ୟ-
ନଶ୍ନନ୍ନନ୍ୟୋ ଅଭିଚାକଶୀତି ।

(ଗୋଟିଏ ଗଛରେ ଦୁଇଟି ପକ୍ଷୀ ସବୁବେଳେ ମିଳିମିଶି ସାଙ୍ଗ ହୋଇ ରହିଚନ୍ତି । ଗୋଟିଏ ପକ୍ଷୀ ସୁଆଦିଆ ଫଳ ଖାଉଥିବା ବେଳେ ଅନ୍ୟ ପକ୍ଷୀଟି ସେ ଦୃଶ୍ୟ ଦେଖିବାରେ ଲାଗିଚି ।)

- ଶ୍ୱେତାଶ୍ୱତରୋପନିଷଦ୍‌, ୪ର୍ଥ ଅଧ୍ୟାୟ, ୬ଷ୍ଠ ସୂତ୍ର

ସୂଚୀପତ୍ର

ଧଳା ପକ୍ଷୀ କଳା ପକ୍ଷୀ	୯
ଦ୍ୱାର	୧୦
ଅଗ୍ରଣୀ	୧୧
ତମେ କହୁଛ	୧୨
ଭଞ୍ଜବିହାରରେ ବର୍ଷା	୧୩
ଇରାନ୍	୧୫
ଛବି	୧୭
ଆବିଷ୍କାର	୧୯
କିଏ ଜଣେ	୨୧
ଦିଆନିଆ	୨୩
ଉଦ୍ୟାନ ରକ୍ଷକର ଗୀତ	୨୪
ବସନ୍ତ ଋତୁ	୨୭
ଗେଷ୍ଟ ହାଉସ୍	୩୦
ଶବ୍ଦାନ୍ତର	୩୧
ଖେଳ	୩୩
ସର୍ତ୍ତ	୩୫
ବାନର ମକର କଥା	୩୭
ମଝିରୁ କେତେ ପୃଷ୍ଠା	୪୦
ଅନ୍ଧାରି ବିଜେ	୪୨
ତପ୍ତପାଣିରେ ପିକ୍‌ନିକ୍	୪୪
ଭୁଲ୍ ବୁଝାମଣା	୪୭
ଚିଠି	୪୮
କଙ୍କି	୫୦
ଏମ୍.ଟି.ପି.	୫୨
ଠିକଣା	୫୪
ଫଟୋଗ୍ରାଫ୍	୫୫
ଫାଙ୍କା ପ୍ଲାଟଫର୍ମରେ ଏକା ଏକା	୫୭

ଫଳାହାର	୫୮
ଶବ ସତ୍କାର	୬୧
ଅହଲ୍ୟା	୬୨
ଶକୁନ୍ତଳା	୬୪
ନାଉରିଆ	୬୬
ନଇବାଲିରେ ଖରାଦିନିଆଁ ରାସ୍ତା	୬୮
ସ୍ମରଣ ବିସ୍ମରଣ	୭୦
ଜେଜେ	୭୨
ସୋମନାଥ	୭୪
ପଥର	୭୮
ନଇ	୭୯
ମୃଗୁଣିସ୍ତୁତି	୮୧
ପ୍ରଜାପତି ପ୍ରତି	୮୨
ଫୁଲମତୀ	୮୪
ସ୍ୱୟୟର	୮୫
ଅପେକ୍ଷା	୮୭
ପରିଧ୍ୱ	୮୯
ସାତଟି କବିତା	୯୧
ସୁଲୋଚନାର ବାପା	୯୭
ଆଳୁଅ	୯୮
ହଁ, ବଁଶୀ !	୧୦୦
ଗୋପାଲପୁର	୧୦୧
ଗୁଡ୍ ବାଇ	୧୦୩
ଅନେକ ଦିନୁଁ ନିଖୋଜ ଜଣେ ବନ୍ଧୁଙ୍କ ଉଦ୍ଦେଶ୍ୟରେ	୧୦୫
ପକ୍ଷୀ	୧୦୭

ଧଳା ପକ୍ଷୀ କଳା ପକ୍ଷୀ

ଆମ ପୁରୁଣା ଆକାଶ ପରି ବଡ଼ ଆକାଶଟାଏ ନହେଲେ
ଧଳା ପକ୍ଷୀ କେବଳ ଉଡ଼ିପାରିବ,
କଳା ପକ୍ଷୀ କେବଳ ଉଡ଼ିପାରିବ,
କଦାପି ଧଳା ପକ୍ଷୀ କଳା ପକ୍ଷୀ ଦି'ଜଣଯାକ ନୁହେଁ।

ଏବେ ତ ଖାଲି ଧଳା ପକ୍ଷୀଟି ଉଡୁଚି,
ଆକାଶ ବଦଳି ଯାଉଚି ଜଲ୍‌ଦି ଜଲ୍‌ଦି ସା'ରୁ ରି'କୁ,
ରି'ରୁ ଗାକୁ ସୂର୍ଯ୍ୟର ଆଙ୍ଗୁଠି ସାଙ୍ଗେ ତାଳ ଦେଇ;
ବେଳ ହେଲାଣି ହୁଏତ କଳା ପକ୍ଷୀଟି ଆସି ଉଡ଼ିବ।

କେଡ଼େ ମହଜରେ ଆଖି ପୁରୁଣା ବାଡ଼ ଉପରେ ରହିଯାଏ,
ବେଶୀ ହେଲେ ଓହ୍ଲାଇ ଆସେ ତଳକୁ, ଅପରାଜିତା ଫୁଲକୁ,
ଲାଜକୁଳି ଲଟାକୁ କି ବାଉଁଶଗଣ୍ଠି ଛତୁ ଉପରକୁ,
ଆଉ ସେ କିଛି ଚିହ୍ନିପାରେନା, ନା ଧଳା ନା କଳା ପକ୍ଷୀକି,
ଯଦି ସବୁ କିଛି ବଦଳି ଯାଉନଥାଏ, ହଜିଯାଉନଥାଏ।

■

ଦ୍ୱାର

ଦ୍ୱାର ଖୋଲି ଦିଅନା।
ଜ୍ଞାନ କେବଳ ଅବିଶ୍ୱାସର, କ୍ଷତର,
ସମୁଦ୍ରରେ ଭାସି ଆସି
କୂଳରେ ଲାଗିଥିବା କାଠଗଡ଼ର,
ବାଟଯାକ ସୋରିଷ ବୁଣିଯିବାର ପ୍ରୟୋଜନର।

ଦ୍ୱାର ଖୋଲି ଦିଅନା,
ଅନ୍ଧପୁଟୁଳି ଖୋଲିଦେଲେ ଯେ ଆଖି ଲାଖିଯିବ
ଅସହ୍ୟ ରତ୍ନଖଚିତ
ଶୂନ୍ୟ ସିଂହାସନରେ, ବାଲିପନ୍ତାରେ।

ନିହାଣର ଶବ୍ଦ ବା କି ପ୍ରମାଣ
ଉଆସ ଉପବନର ପତ୍ର ସଠିକ କଅଁଳିବାର ?
ତମେ ସେଦିନ ରାତିରେ ଚିତ୍କାର କରିଉଠିଲ,
ମୋର ସମସ୍ତ ସାନ୍ତ୍ୱନା ଓ ନିର୍ଭୟ ବୃଥା ହେଲା,
ତମେ ତ ଠାବ କରିପାରିଲ ନାହିଁ, ଚିହ୍ନିଲ ନାହିଁ
ଆଖିର ଅନ୍ତରାଳରେ ଗର୍ଜୁଥିବା ରକ୍ତମୁଖା ସିଂହକୁ।

ଆମେ ଅନେକ କାଳ ଅପେକ୍ଷା କଲେଣି, ସତ।
ଅନେକ ଯାତ୍ରା ପଟୁଆର
ଅଦୃଶ୍ୟ ହୋଇଗଲେଣି ନଗର ସୀମାରେ।
ଆମର ଚରମ ସ୍ୱପ୍ନ ଗୋଟାଏ ମୃତ୍ୟୁ
ଶବ୍ଦ ଓ ଦୃଶ୍ୟର ରାଜ୍ୟ ବାହାରେ।
ନୀରବତାର ସଂପତ୍ତି
ଆମର କେବେ ହୋଇ ପାରେନା;
ଆମ ଆନନ୍ଦର ନ ଚଳୁ ହାତ ଗୋଡ଼, ନ ରହୁ ଆଙ୍ଗୁଠି। ■

ଅଗ୍ରଣୀ

ସମସ୍ତଙ୍କ ଆଗରୁ ସେ ଆସିଯାଇଥିଲା,
ବର୍ତ୍ତମାନ ବିରକ୍ତ ଓ କ୍ଳାନ୍ତ ଦିଶୁଚି ମୁହଁ।
ବାଲିରେ ଗାର କାଟିବା ତା'ର ସରିଲାଣି,
ପାଣି ଦାଢ଼ରେ ଚାଲିବା ତା'ର ସରିଲାଣି,
ଓଦା ପ୍ୟାଣ୍ଟ୍ ଶୁଖି ଆସିଲାଣି,
ସେ ଏଥର ଫେରିଯିବ,
ହେଇ, ଉଠି ଠିଆହେଲାଣି,
ଝାଡ଼ି ଝୁଡ଼ି ହେଲାଣି।

ସାରସଟି ଏଯାଏଁ ଯେ ଭଲକରି ହାସଲ କରିନାଇଁ
ମାଛ ଝମ୍ପି ଉଠାଇନେବାର କୌଶଳ,
ଶିଶୁଟି ଠିକ୍ ପାଦ ପକାଇ ଜାଣିନାଇଁ,
ବିକ୍ରି ସରିନାଇଁ ମସଲାମୁଢ଼ି ବାଦାମ୍‌ବାଲାର,
ପାଣି ଉଠିବାରେ ଲାଗିଚି, ଭାଙ୍ଗିବାରେ ଲାଗିଚି,
ଗୋଟିକ ପରେ ଗୋଟିଏ ସୂର୍ଯ୍ୟ ଦୌଡ଼ିବାରେ ଲାଗିଚନ୍ତି,
ଦିଗ୍‌ବଳୟରେ ଭାସୁଥିବା ଟ୍ରଲର୍‌ର ଆଲୁଅ
ବିନ୍ଦୁଏ ରକ୍ତ ପରି ଦିଶୁଚି।

ସେ କ'ଣ ଫେରିଯାଇ ପାରିବ ସମସ୍ତଙ୍କ ଆଗରୁ ?
ଭଙ୍ଗା ଘରର ଇଟା ପଥର ଫାଙ୍କରେ
ଝିଟିପିଟିର ଅଣ୍ଡା ଫୁଟିବାର ଅଛି ଯେ,
ଆଖି ଖୋଲିବାର ଅଛି ସେ ବୁଢ଼ୀ ଭିକାରୁଣୀର।

■

ତମେ କହୁଛ

ତମେ କହୁଚ ତମର ଡାହାଣ ହାତ କଚଟି
ଭାଙ୍ଗି ଯାଇଚି, ଏକ୍ସ-ରେ ଦରକାର,
ତମ ପାଖରେ ଟଙ୍କା ନାଇଁ,
ଡାକ୍ତର ଫେରାଇଦେଲେ।
ତମେ ଯେହେତୁ କୁଆଡ଼େ କେମିତି ଯିବ ଜାଣିନଥିଲ
ଏଠିକି ଆମ ପାଖକୁ ଆସିଗଲ।
ତମେ ବାଁ ହାତରେ ବଢ଼ାଇଥିବା କାଗଜ ଖଣ୍ଡକରେ
ଏଇ କଥା ହିଁ ଲେଖା ହୋଇଚି ଇଂରାଜୀରେ।

ଆମେ ତମକୁ ଫେରାଇଦେଇ ପାରିବୁ ନାହିଁ
ଏଇ କଥା କହି ଯେ
ଆମ ପାଖରେ ଆହୁରି ବେଶୀ ଶାଣିତ ଭାଷାମାନ ଅଛି,
ପ୍ରେମର, ତିରସ୍କାରର, ପ୍ରାର୍ଥନାର।
ତମେ କ'ଣ ନିଶ୍ଚିତ ହୋଇ ସାରିଲଣି
ଭାଷା କିଛି କରିପାରେ ବୋଲି ?
ଆମେ ଶିଖିଚୁ ଚୁପ୍ ରହିବାର କୌଶଳ
ସାପ ମରିବ, ବାଡ଼ି ଭାଙ୍ଗିବ ନାହିଁ।

ତମେ ତମର କଚଟି ଭାଙ୍ଗିଦେଇ;
ଆଉ କିଏ ତା' ଘର ଭସାଇଦେଇଚି ବନ୍ୟାରେ।
ହୁସିଆରିରେ ରଖ ତମ କାଗଜଖଣ୍ଡକ,
ସେଇ ବାକ୍ୟଗୁଡ଼ିକ ଅଭ୍ୟାସ କର
ପାଣି ଟାଙ୍କି ତଳର ଅନ୍ଧାରରେ।
ଅନେକ ଗଛ ଭାଙ୍ଗି ପଡ଼ିବାର ଅଛି,
ଅନେକ ହୃଦୟ,
ଅନେକ କବି ଜନ୍ମନେବାର ଅଛି,
ତମେ ଆମ ପାଖରୁ ବାହୁଡ଼ି ଯିବାପରେ। ■

ଭଞ୍ଜବିହାରରେ ବର୍ଷା

ନିଜ ଲୋକଙ୍କଠାରୁ ହାରିଯାଇଥିବାର ଅନୁଭବ ପରି
ଦମକାଏ ଥଣ୍ଡା ପବନ
ହଠାତ୍ କାନମୁଣ୍ଡା ଛୁଇଁ ବହିଯାଏ,
ତୀବ୍ର ଅଥଚ ସେ ତୀବ୍ରତାକୁ ସହିଯାଇହୁଏ।

ହେଲ୍‌ଥ ସେଣ୍ଟର ଆଗର ଗଛଗୁଡ଼ାକର
ପତ୍ର ହଲେ, ସାବୁନ୍ ଖୋଳ ଉଡ଼ି ଉଡ଼ି
କ୍ଷୀର ବିକିସାରି ଫେରୁଥିବା ଟୋକାର ସାଇକେଲ୍ ସ୍ପୋକ୍‌ରେ
ଗୁଞ୍ଜି ହୋଇ ମାତିଯାଏ କୌତୁକରେ।

ଆଉ ଚାଳିଶ୍ ପଚାଶ୍ ପାଉଣ୍ଡ
ଆଗେଇ ଯିବା ପରେ ଦେଖିବ ଆକାଶ
ହୋଇ ଉଠିଲାଣି
ବଜ୍ରବିଦ୍ୟୁତ୍‌ଇରମ୍ମଦମୟ।

ସବୁକଥାର ଆରମ୍ଭ ଏମିତି ହୁଏ;
ତମେ ଗୋଟିଏ ଇଞ୍ଜିନ୍ ଷ୍ଟାର୍ଟ୍ କର ବା ପ୍ରେମରେ ପଡ଼,
ଚିହ୍ନା ଜଣା ବୋଲି କହି ହେଉ ନଥିବା
ଅସ୍ପଷ୍ଟ କମ୍ପନଟିଏ ସୃଷ୍ଟି ହେଲା ତ
ତମେ ତମର ସମସ୍ତ ଶୁଣ୍ଢ, ଆଣ୍ଟେନା
ଏକାକାର କରି ସଜାଗ ରଖିବ
ତମ ଭିତରର ସମସ୍ତ ଘଞ୍ଚ ବଣ ଓ ଉପତ୍ୟକାରେ।

ସେ ବି ତ ଗୋଟାଏ ରକମର ଆତ୍ମସମର୍ପଣ,
ଅନିଶ୍ଚିତତା ଓ ଭୟ ଏତେ ବେଶୀ ଯେ
ତମେ ଭାବିବାକୁ ବାଧ ହୁଅ ଗୋଟାଏ ଖେଳ ଖେଳୁଚ ବୋଲି,

ସୁଯୋଗ ମିଳିଥିଲେ ହୁଏତ ତମେ
ଏୟା ବି କରିଥାନ୍ତ ଅନ୍ୟ କେଉଁଠି-
ପିମ୍ପୁଡ଼ିଧାଡ଼ି ଉପରେ ଚିନି ବିଞ୍ଚୁଥାନ୍ତ।

ଟପ୍ ଟପ୍ ବର୍ଷା ଯେତେବେଳେ ପଡ଼ିବ,
ବିଜୁଳିପରି ଚକ୍ ଚକ୍ ଅସ୍ତ୍ର ଧରି ଯେତେବେଳେ
ଅକ୍ଷୌହିଣୀ ସୈନ୍ୟ ଓହ୍ଲାଇପଡ଼ିବେ ଆକାଶ ମାର୍ଗରୁ,
ବର୍ଷା ପରି ଦୀର୍ଘଦେହୀ ନାରୀର ଅଭିସଂପାତ
ଯେତେବେଳେ କୁଦି ପଡୁଥିବ ତମ ଉପରକୁ,
ତମେ ଧାଇଁ ପଳାଇ ଯାଇପାରିବ ନାହିଁ।
ମୁଣ୍ଡ ତଳକୁ କରି ଜଞ୍ଜାଳରେ ଆକ୍ତାମାକ୍ତା ହୋଇ
ତମେ ସେଇ ହସଟି ହସୁଥିବ ନିଜ ପାଇଁ,
ରାତିଅଧର ଫସଲ ନଷ୍ଟ କରୁଥିବା ଜନ୍ତୁଙ୍କୁ ଚାହିଁ
ପାଳଭୁତ ଯେଉଁ ହସଟି ହସୁଥାଏ।

ଓଦାସରସର ହୋଇ, ଭାରି ଭାରି ପାଦ ଉଠାଇ
ତମେ ଶେଷରେ ପହଞ୍ଚିବ ଘରେ, ଶୁଣିବ
ଇସ୍, ଓଦା ହୋଇଗଲ ? ରହି ଗଲନି କୋଉଠି ?
ପୋଛିପାଛି ହୋଇ
ଲୁଗାପଟା ବଦଳାଇ
ଗରମ କ୍ଷୀର ଗିଲାସ ମୁହଁକୁ ଟେକୁ ଟେକୁ
ତମେ ପୁଣି ନିଜକୁ ପ୍ରସ୍ତୁତ କରି ନେଉଥିବ
ଆହୁରି ଅନେକ ବର୍ଷା ପାଇଁ,
ପଚାରୁଥିବ ନିଜକୁ
ଆଜି ସନ୍ଧ୍ୟାରେ ଏ ହନ୍ତସନ୍ତ ଅବସ୍ଥାର ସ୍ମୃତି,
ପର୍ବତ, ସାପ ଫଣା ଓ ଛତା
କ'ଣ ଯଥେଷ୍ଟ ସତର୍କତା ହେବ
ପରବର୍ତ୍ତୀ ସମସ୍ତ ପରାଜୟ ପାଇଁ ?

■

ଇରାନ୍

ପ୍ରତ୍ୟେକଙ୍କ ଆଖିରେ ଅନ୍ଧପୁଟୁଳି ବାନ୍ଧି ଦିଆଗଲା,
ସତର ଜଣ ସେମାନେ,
ବାକିତକ କାମ ଫାୟାରିଙ୍ଗ୍ ସ୍କ୍ୱାଡ୍‌ର,
ସତର ମିନିଟ୍ ବି ଲାଗିଲା ନାହିଁ ସାରିବାକୁ,
କାହାର ମୁଣ୍ଡ ଆଗକୁ ଝୁଲି ପଡ଼ିଲା ତ
କାହାର ରକ୍ତ ଉଚ୍ଛୁଳି ଉଠୁ ଉଠୁ
କ୍ଷଣକ ପାଇଁ ଅଟକିଗଲା ।

ବିଲବାଡ଼ି ପ୍ରାନ୍ତର କିଛିଟା ଦାୟମୁକ୍ତ ହୋଇଗଲେ ।
ଆଖିମାନେ ଜାଣନ୍ତି କେମିତି
ଗୋପନରେ ଲୁହ ବୁହାଇହୁଏ,
ଗୋପନରେ, ଅନ୍ୟାନ୍ୟ ଆଖିଙ୍କର ଅନ୍ତରାଳରେ ।
ଅନ୍ଧପୁଟୁଳି ଖୋଲା ହେବା ପରେ ବି
ମାଟି ଆଉ ଚିହ୍ନିଲା ନାହିଁ,
ଖାଲି ଗୋଟିଏ ଏକୁଟିଆ ପକ୍ଷୀ
ମାଡ଼ି ଚାଲିଗଲା ଜେଲ୍ ଅଗଣାର ଆକାଶ,
ସୂର୍ଯ୍ୟ ଗୋଟାଏ ନିଶ୍ଚଳ ଘଣ୍ଟ ପରି ଝୁଲି ରହିଲା ।

ସେମାନଙ୍କ ଭିତରେ ଜଣେ କବି ଥିଲେ,
କେଉଁ ଅମରତ୍ୱର ସମ୍ଭାବନାରେ ସେ ବିଭୋର ଥିଲେ କେଜାଣି
ଆଉ ଅଧିକ କାଳ ବଞ୍ଚି ରହିବା
ସେ ଚାହାନ୍ତି ନାହିଁ କହୁଥିଲେ,
କିନ୍ତୁ ସେ ତାଙ୍କ ସହଚର ସହୋଦରଙ୍କ ହାତରେ
ଏମିତି ଖଣ୍ଡେ ଖଣ୍ଡେ ନିଆଁ ଧରାଇ ଦେଇଥିଲେ ଯେ
ସେମାନେ ବଞ୍ଚି ରହିବା ପାଇଁ ପ୍ରାଣପଣେ ଚେଷ୍ଟା କଲେ,

କବିର ମୃତ୍ୟୁ
ଗଛରୁ ଫଳ ଖସିବା ପରି ସ୍ୱାଭାବିକ ହେବ ବୋଲି ।

ଏଇ ନାଟକ ହାରଜିତ୍‌ର ନାଟକ ନୁହେଁ,
କୌଣସି ବିଗୁଲ୍ ବାଜିଲା ନାହିଁ,
ଉଡ଼ିଲା ନାହିଁ ବିଜୟର ନିଶାଣ,
ଅଦୃଶ୍ୟ ଦେବତା ଓ ମହାପୁରୁଷଙ୍କ ଗୋପନ କଥୋପକଥନ
ମେଘ ପରି ସେମିତି ଭାସି ଚାଲିଲା ଆକାଶରେ,
ମଣିଷହାତ ଫିଙ୍ଗୁଥିବା ମୁଠା ମୁଠା ଧୂଳିର ଊର୍ଦ୍ଧ୍ୱରେ ।
ଗୋଟିଏ ହାତ ସାମାନ୍ୟ ହଲଚଲ ହେଲା ।
ସେ ହାତ କ'ଣ କବିଙ୍କର ?
ସେ ହାତ ଆଉ କୋଉ କାମର ନୁହେଁ ।

ଛବି

(ଏକ)
କ୍ୟାନ୍‌ଭାସ୍‌ରେ ରଙ୍ଗ ଶୁଖି ଆସିଲେ
ରାତି ବେଶୀ ହେଲେ
ଗରୁଡ଼ ସ୍ତମ୍ଭ ମୂଳର ଦୀପସବୁ ଲିଭିଯାଏ,
ପୁରସ୍କାର ବିତରଣୀ ସଭା ସରିଯାଏ;
ଦୁଃଖ ବଢ଼ିଲେ
ପରିହାସରେ ଉଡ଼ିଯାଏ ପୋଷାପକ୍ଷୀଙ୍କ ପ୍ରତିଶ୍ରୁତି।
ତେବେ ବି ଅପେକ୍ଷା ରହେ
କ'ଣ ଖାଲି ପୁନରାବୃତ୍ତିର ?

ଛବିଟି ସମ୍ପୂର୍ଣ୍ଣ ହୁଏ
ସମ୍ପୂର୍ଣ୍ଣ ହେବାକୁ ଥିବା ଛବିଟିର ଛବି;
ଦୀପଗୁଡ଼ିକ କେବଳ
ଭିନ୍ନ ଭିନ୍ନ ରଙ୍ଗ ବାରିବାରେ ଯାହା ସାହାଯ୍ୟ ହୁଏ;
ଅନ୍ଧାରକୁ ଫେରିବା
ଭୁଲ୍‌ କବାଟରେ ହାତ ମାରିବା ଯାଏଁ ସବୁ ଠିକ୍‌ ଥାଏ,
ତା'ପରେ ନୁହେଁ।

(ଦୁଇ)
ଏଇ ରୋଡ୍ ଯେଉଁଠି ସରିଚି ସେଠି ସମୁଦ୍ର,
ଢଙ୍ଗ ବଦଳିଯାଏ ଗତିର
ଭାଷା ବଦଳିଯାଏ ସ୍ନେହର
ନିଜ ଲାଞ୍ଜକୁ କାମୁଡ଼ି ଧରିଥିବା ମାଛର
ଦୃଶ୍ୟ ଥରେ ଦେଖିନେଲେ ହିଁ ଆଶ୍ଚର୍ଯ୍ୟ ବିହ୍ୱଳତା...

ନିର୍ଜନ ବାଲିବନ୍ତର ଆଢୁଆଳକୁ ଅପସରିଯିବା
ମାଛପରି ପେଟରେ ଚାଲିବା
ଶିଶୁଙ୍କ ଭଳି ହାତଗୋଡ଼ ଛାଟିବା
ହାସ୍ୟକର,
ପାଣିରେ ଫିଙ୍ଗିଦେବା ଆବଶ୍ୟକ
ସକଳ ପୁରସ୍କାର ।

■

ଆବିଷ୍କାର

ସେ ସବୁବେଳେ କହନ୍ତି
ତାଙ୍କର ଗୋଟିଏ ସ୍ୱପ୍ନ ଅଛି,
ଦାବି କରନ୍ତି ସ୍ୱପ୍ନଟି ଅତି ନିଜର,
କିନ୍ତୁ ତାଙ୍କ ନିଜ ଫ୍ୟାକ୍ଟ୍ରି ତିଆରି ଡଙ୍ଗା ନୁହେଁ,
ଯାହାକୁ ସେ ଫୁଲ ସିନ୍ଦୂର ଲଗାଇ,
ଭସାଇଦେଇ ପାରିବେ ଆଲୁଅରେ,
ବରଂ ତା' ନଡ଼ିଆ ପଟେ ବା ଶୁଖିଲା କାଠଖଣ୍ଡେ
ଯାହାକୁ ଉଦ୍ଧାର କରିବାକୁ ପଡ଼ିବ
ଅନ୍ଧାରର ପାଣିରୁ ।

ଆମର ବି ଗୋଟିଏ ସ୍ୱପ୍ନ ଅଛି
ଏବଂ ଯେହେତୁ ଆମେ
ତାଙ୍କ ଭଳି ମନୁଆ ଓ ପାରିବାର ନୋହୁ,
ଆମ ସ୍ୱପ୍ନଟି ନିହାତି ସରଳ ।
ତାଙ୍କର ସ୍ୱପ୍ନ ଆମେ ବୁଝିବାପାଇଁ
ଚେଷ୍ଟାକରୁ, କେବଳ,
ସତେ ଅବା ବୁଲୁଛୁ ସୁରକ୍ଷିତ ବାଗାନ୍‌ରେ
ଦେଖୁଚୁ ଅଶ୍ରୁତ ଗୋପନ
ବଜ୍ରପାତର କାଣ୍ଡ କାରଖାନା,
ଭଙ୍ଗା ଦରପୋଡ଼ା ଡାଳଙ୍କ ଅଧଃପତନ ।

ସେ ତାଙ୍କ ବସିବା ଜାଗାରୁ
ଉଠିବେ ନାହିଁ, ଚଙ୍କିବେ ନାହିଁ ।
ପାଣିକନ୍ଦାଖିଆ ହାତରେ ଦଉଡ଼ି ଟାଣି ଟାଣି
ଆମେ ଆମକୁ ରକ୍ଷା କରିବାକୁ ପଡ଼ିବ
ମଗରଙ୍କ କବଳରୁ,

ଯେଉଁଠି ଦରକାର
ଜଣେ ଅଧେଙ୍କୁ ଫିଙ୍ଗିଦେଇ ପାଣିକି;
ଆମେ ଫେରିବୁ
ଭିନ୍ନ କାୟାରେ ଝଡ଼ର ଜଠରରୁ,
ଆମେ ଫେରିବୁ
ଅନେକ ଭୟ ନେଇ, ସ୍ମୃତି ନେଇ
ଅପରିଚିତ ମାଟିର,
ମୟୂରପୁଚ୍ଛ ପରି ଯା' ବିସ୍ତୃତ ।

ନାନା ଉଦ୍‌ବେଗରେ ତା'ପରେ
ଆମ ଅଗଣା ଭର୍ତ୍ତି ହୋଇଯିବ;
ତାଙ୍କର ସୌହାର୍ଦ୍ଦ୍ୟକୁ ସନ୍ଦେହ କରିବସିବୁ,
ଆମ କଥାବାର୍ତ୍ତାର କୁହୁଡ଼ି
ଘୋଡ଼ାଇଦେବ ମାନଚିତ୍ରକୁ ।
ପୁଣି କ'ଣ ଆମେ
ମଙ୍ଗ ମୋଡ଼ିବୁ ନୌକାର ?

ଆମ ଆଗରୁ ସେ
ପହଞ୍ଚି ସାରିଥିବେ ଦ୍ୱୀପରେ ।
ଆମ ଉଦ୍ୟତ ହାତର
କୋଡ଼ି କୋଦାଳ ଆଗରେ
ବନ୍ଧୁକ ଫୁଟାଇ ସେ
ଖସାଇ ଦେବେ ପକ୍ଷୀଟିଏ,
ଆମ ସମୁଦାୟ ଚେଷ୍ଟାର
ଏକମାତ୍ର ପୁରସ୍କାର ପରି ।

■

କିଏ ଜଣେ

ବଗିଚାର ଛାପିଛାପିକା ଅନ୍ଧାରରେ
କିଏ ଜଣେ ଆସୁଥିବାର ଦିଶୁଚି;
କିଏ ଜଣେ ଆସୁଥିବାର ସ୍ୱପ୍ନରେ ମୋର
ଛାପିଛାପିକା ଅନ୍ଧାର ବୋଲିହୋଇ
ବଗିଚାଟେ ହଠାତ୍ ଠିଆ ହୋଇପଡୁଚି।
ମୁଁ ଖାଲି ବଗିଚାକୁ ଚିହ୍ନେ ସିନା
ଚିହ୍ନେନାହିଁ ଲୁଚିଛପି ଆସୁଥିବା ଲୋକକୁ।

ମୁଁ ଚିହ୍ନିପାରିବି ତା'ର ହସକୁ,
ବୁଝିପାରିବି ତା'ର ସମ୍ଭାଷଣର ଶୈଳୀ,
ଦେଖିପାରିବେ ତା' ଆଖିର ଗହୀରରୁ
ଉହୁଙ୍କି ଉଠି ଆସୁଥିବା ଆଲୋକ ବିନ୍ଦୁକୁ;
ଭିତରକୁ ଡାକିବି, ଚୌକି ଚା' ଦେବି।
ତେବେ ମୁଁ ତାକୁ ପଚାରିବି ନିଶ୍ଚୟ
ସେ କ'ଣ ସେଇ ଲୋକ ଛାପିଛାପିକା ଅନ୍ଧାରରୁ

ସେଯାଏଁ ଉଠି ଆସୁଚି, କୋଉଠି ଅଟକି
ଫୁଲ ତୋଳୁଚି, ଆଉଁଶୁଚି ଗଛଙ୍କ ପିଠି,
ଦଳିଚକଟି ନଷ୍ଟ କରୁଚି ଚାରା,
ସଜାଡ଼ି ଧରୁଚି ଛୁରୀ ହାତମୁଠାରେ,
ସନ୍ଦେହ କରୁଚି ଭୁଲ୍ ହୋଇଥାଇପାରେ ?

ଆଉ କହିବି କାଲି ଥରଟେ ଆସନ୍ତେନି,
ମୋ ସ୍ୱପ୍ନ ଯେ ପୂରା ଏଯାଏଁ ଗଢ଼ା ହୋଇନି।

କେବେ ଦିନେ ମୋ' ସ୍ୱପ୍ନ ପୂରା ହୋଇଯିବ,
ଲୋକଟି ଉଠିଆସିବ ପାହାଚ ଚଢ଼ି,
ହାତ ମାରିବ, କବାଟରେ, ଆଲୁଅ ନଥିବ,
ମୁଁ ବି କାହାକୁ ଅପେକ୍ଷା କରିନଥିବି-
ନିଦ ବାଉଳାରେ କବାଟ ଖୋଲିଦେଇ
ମୁଁ ତାକୁ ଆଡ଼େଇ ହୋଇ ଚାଲିଯିବି ବଗିଚାକୁ,
ସେ ଭିତରକୁ ପଶି ଶୋଇଯିବ ମୋ' ଶେଯରେ।

■

ଦିଆନିଆ

ଝଟ୍‌କିନା କ'ଣ ଉଠେଇନେଲୁ ରାସ୍ତାରୁ,
ଗୋଡ଼ିଗଡ଼ା ପାଖରୁ ? ପକେଟ୍‌ରେ ରଖିଦେଲୁ;
ଦେଖି ଦେଖି ମୋ' ସ୍ୱପ୍ନ ନୁହେଁ !
କ'ଣ ସେଟା ଗିଳିଦେଲୁ ?
ଗିଳିଦେଇ ଉଭାନ ହୋଇଗଲୁ ଆଖି ଆଗରୁ,
ମୁଁ ଝପ୍‌ଟି ଯାଉ ଯାଉ ତୋ' ଆଡ଼କୁ ?

ଏବେ ମୁଁ କୁଆଡ଼େ ଯିବି, ପୂର୍ବକୁ ନା ପଶ୍ଚିମକୁ,
ଖୋଜିବି ସ୍ୱପ୍ନକୁ ନା ତତେ ?
ଧର୍ ତତେ ପାଇଗଲି, ତୋ ପକେଟ୍‌ରେ,
ତୋ ତଣ୍ଟି ପାଖରେ ଅଟକି ସ୍ୱପ୍ନ ଯଦି ନଥାଏ !
ଧର୍ ସ୍ୱପ୍ନ ମିଳିଗଲା, ତତେ
ନ ଖୋଜିଲେ ବି କ'ଣ ଚଳିବ, ତୁ ପରା
ସ୍ୱପ୍ନ ପରି ଦାମୀ ନହେଲେ ବି ଅଦୃଶ୍ୟ,
କାମିକା ନହେଲେ ବି ହଜିଯାଇପାରୁ।

ଏତେ ସଂକ୍ଷିପ୍ତ ଦେଣ ନେଣର ପାଲା ଯେ
ମନେ ରହେନି କ'ଣ ଗଲା, କ'ଣ ଆସିଲା,
ମୁଁ ଗଣିଲାବେଳକୁ ବାର୍,
ଆଉ ଯିଏ ଗଣିଲା ତେର !
ହଜି ଯାଇଥିବା ଗୋଟିଏ କୌତୁକରେ ଟିକିଏ
ଦରପାଚିଲା, ଦରଖଣ୍ଡିଆ ହୋଇ ଫେରେ,
ତୁ ମୁଁ ଲୁଚାଲୁଚି ଭୁଲିଯାଇ
ପୋଲ ଉପରେ ବସି ଖୁସିଗପ ହେଉଥିବା ବେଳେ।

■

ଉଦ୍ୟାନ ରକ୍ଷକର ଗୀତ

ମତେ ତାଗିଦ୍ କରିଦିଆଯାଇଚି
ଫୁଲ କେହି ତୋଳିବେ ନାହିଁ ଯେମିତି,
ଫଳ କେହି ପାରିବେ ନାହିଁ ଯେମିତି,
ଗେଟ୍ ଖୋଲି ପଶି ଆସିବ ନାହିଁ ଯେମିତି
କୌଣସି ଅଭିସାର,
କୌଣସି ଗଭା ମଣ୍ଡି ନ ହୋଇଯାଏ ଯେମିତି,
ଉପଶମ ନ ହୋଇଯାଏ କୌଣସି କ୍ଷୁଧାର।

ମୁଁ ନାଚାର, ପରବଳରେ ବଳିୟାର,
ସାବଧାନରେ ଗେଟ୍ ଖୋଲେ, ବନ୍ଦ୍ କରେ,
ବଗିଚାର ଚତୁର୍ଦ୍ଦିଗ ଘେରାଏ ମାରିଦେଇ ଫେରେ,
ସୂର୍ଯ୍ୟ ଯେତେବେଳେ ବାହୁଡୁଥାଏ ନିଜ ରକ୍ତକୁ;
କଠୋର ଦାୟିତ୍ୱରୁ ଟେଳାଏ ଗିଳିଦେଇ ମୁଁ ଶୋଇଯାଏ,
ଅନେକ ଅନେକ ଡେରିଅଛି ତ ନିସ୍ତାର ପାଇଁ।

ନିସ୍ତାର ନାହିଁ ନିଦରେ ବି।
କୌଣସି ହାତ ଟେକା ଫିଙ୍ଗିଲା ତ ହେଇ
ଖସ୍ ଖସ୍ ଶବ୍ଦ ଶୁଭିଲା
ଶୁଖିଲା ପତ୍ର ଉପରେ ନୈଋତ କୋଣରେ;
କିନ୍ନରୀର ମୁହଁ ପରି ମୁହଁଟିଏ
ଦପକିନା ଜଳିଉଠି ଅନ୍ଧାରରେ

ନିଭିଗଲା ଐଶାନ୍ୟରେ ତ
ଥଣ୍ଡା କବନର ଚାପା ଆସି ଘେରିଗଲାଣି ବେକକୁ;
ମୁଁ କେବେ ଶିଖି ପାରିନି
ଏ ସବୁଙ୍କୁ ବଶ କରିନେବାର ଉପାୟ।

ମୋର ଜ୍ଞାତି କୁଟୁମ୍ବ ସଂସାର ବୋଲି କିଛି ନାହିଁ,
ବଞ୍ଚିବାଲାଗି ଦରକାରୀ ନୀତିନିୟମ ଯେତେକ
ମତେ ଯୋଗାଇ ଦିଆଯାଇଥାଏ
ଗଛ ବଢ଼ିବାର, ଫୁଲ ଫୁଟିବାର, କଷି ଧରିବାର ଫିକା ଫିକା
ଶବ୍ଦରେ,
ବେଶ୍ ସମର୍ଥ ସେ ଶବ୍ଦଗୁଡ଼ିକ
ପାଣିପବନ ଘଉଡ଼ାଇ ନେଇପାରେନା ପରିଧି ବାହାରକୁ।

ମୋର ବନ୍ଧୁ କହିଲେ କେବଳ ସେମାନେ
ଯେଉଁମାନେ ଭାସି ଆସିଥିଲେ
ମୋର ଆଗରେ ପଛରେ
ଅନ୍ଧାରର ସମୁଦ୍ରରେ;
ସେମାନେ କେତେଜଣ ମୁଁ ଜାଣେ ନାହିଁ,
ଶୁଣିଚି ତିନିଜଣ ବୋଲି।
ଅନେକ ସମୟରେ ମୋର ଭ୍ରମ ହୁଏ
ମୁଁ ବି ସେଇ ତିନିଜଣଙ୍କ ଭିତରୁ ଜଣେ।
କେଉଁ ଆଶ୍ଚର୍ଯ୍ୟ ନକ୍ଷତ୍ର ମୋର ହାତଧରି କେବେ
ବାଟ କଢ଼ାଇ ନେଉଥିବା ବେଳେ
ମୁଁ ଯଦି ଭୁଲିଯାଏ ମୋ' ନିଜକୁ
ସେ ଦୁହେଁ ମଧ୍ୟ ନଥାନ୍ତି।
କିନ୍ତୁ ଆଜିକାଲି
ମୁଁ ପ୍ରାୟ କେବେ ନିଜକୁ ହଜାଇଦେଇ ପାରୁନାହିଁ।

କାରଣ ଏଠି ବସନ୍ତଋତୁ ଚିରକାଳ
କାରଣ ଏଠି ପତ୍ର ପୁଷ୍ପ ଫଳ ଚିରକାଳ
କାରଣ ଏଠି ଭ୍ରମରର ଗୁଞ୍ଜନ ଚିରକାଳ
କାରଣ ଏଠି ରକ୍ତର ବିପୁଳ ସ୍ୱପ୍ନ ଚିରକାଳ
କାରଣ ଏଠି ମାଂସର ଊର୍ଦ୍ଧ୍ୱଗମନ ଚିରକାଳ
କାରଣ ଏଠି ଅସ୍ଥିର ପ୍ରସନ୍ନ ଗତି ଚିରକାଳ
କାରଣ ଏଠି ଏଇ ବଗିଚାରେ
ମୁଁ କବର ଦେଇଚି ମୋର ମୃତ ବନ୍ଧୁକୁ।

ଅନ୍ୟ ଜଣକର ନିବାସ
କିଆବଣ ସେପାଖ ଗାଆଁରେ,
ସଂସାରୀ, ପୁତ୍ରକଳତ୍ର ଅନେକ ଅନେକ,
ତୋପ କମାଣ ଫୁଟିଲେ ଯାଇ ତା'ର ନିଦ ହୁଏ।
ସାରା ଖରାବେଳଯାକ ବଂଶୀ ବଜାଇ ବଜାଇ
ମୁଁ ତା'ର ଅପେକ୍ଷାରେ ରହିଚି ଏତେଦିନ,
ସେ କ'ଣ କେବେ ଆସିବ?
କାହିଁକି ବା ଆସିବ?
ଆମେ କ'ଣ ଯାଇ ଭାସି ପାରିବୁ,
ଆମ ପରିଧି, ପରିଚୟ ବାହାର ସମୁଦ୍ରରେ?

■

ବସନ୍ତ ଋତୁ

(ଏକ)
ଗଲା ବସନ୍ତ ଋତୁରେ ପର୍ବତ ଉପରୁ
ଉପଦେଶ ଆସିଥିଲା ।
ବାପାଙ୍କର ବିୟୋଗ ଘଟିଥିଲା ମାସେ ଦି'ମାସ ଆଗରୁ,
ଦୋଳଯାତ୍ରାର ଦୋକାନୀ
ଫମ୍ପା ଟିଣ ବାକ୍‌ସ ଉପରେ ସଜାଇ ରଖିଥିବା
ସବୁଠୁ ବଡ଼ ଦର୍ପଣଟି ପରି ଦିଶିଥିଲା
ତାଙ୍କର ଗୋରା ତକ୍ ତକ୍ ମୁହଁ,
ସେ ଯେମିତି ଛ'ଖଣ୍ଡି କାଠ ଉପରକୁ ଉଠିଗଲେ ।

ଗଲା ବସନ୍ତ ଋତୁରେ
ଅନ୍ୟମାନେ ପୁରସ୍କୃତ ହୋଇଥିଲେ ବଜାର ଛକରେ;
ବ୍ରିଜ୍ ଉପର ସାରା ଶୁଭିଥିଲା
ନିନ୍ଦୁକମାନଙ୍କର ମୃଦଙ୍ଗ ।

(ଦୁଇ)
କେଉଁ ଯୋଡ଼ାଏ ଶିରାଳ ତୃଷାର୍ତ୍ତ ପାପୁଲି
ପାଣି ମାଗୁଚି ମାଗୁ ଆଜି,
ଉପବାସିନୀ ବେଶ୍ୟାର କଳସ ଏବେ
ଢାଳିବାରେ ଲାଗିଚି, ଆଜି
ସଂସାରଯାକର ଶୋଷ ମେଣ୍ଟିଯିବ।
ଗ୍ଲାନି, ଅନୁଶୋଚନା ବାହୁଡ଼ି ଆସିବେ
ପ୍ରିୟଜନଙ୍କ ପରି,
ଅସ୍ୱାଭାବିକ ଦୂର ଗମନରୁ।
ଝଡ଼ା ପତ୍ରଙ୍କ ସ୍ମୃତିରେ
ଗଛଲଟା ସମ୍ପୂର୍ଣ୍ଣ ହୋଇ ଉଠିବେ,
ଅଧିକ ସମର୍ଥ ହେବେ ଓଇ ଏବଂ
ଦାସକାଠିଆମାନଙ୍କ ଆଙ୍ଗୁଠି,
ପକ୍ଷୀମାନେ ହାଲକା ହୋଇ ଭାସିବେ ଲାଲ୍ ପବନରେ।

(ତିନି)
"ସେ ଭାରି ଭଲ ଲୋକ ଥିଲା,
ସାଦାସିଧା, ମାଛିକି ମ' କହୁ ନଥିଲା।
ଖରାବେଳେ ଯିଏ ଯା' କାମକୁ ବାହାରିଗଲେ
ଆମ୍ବତୋଟାରେ ପଶି ସେ ବଂଶୀ ବଜାଉଥିଲା,
ଭୋକଶୋଷ କି ଖରାତରା ମାନୁ ନଥିଲା।
କାଲି ସଞ୍ଜ ପହରୁ ତୋଟାର ମଞ୍ଚାରେ ଯାଇ ଶୋଇଥିଲା,
ଆଜି ସକାଳୁ ତା' ସ୍ତ୍ରୀ ଯାଇ
ଯେତେ ଉଠେଇଲା ସେ ଉଠିଲା ନାଇଁ, ଚହ୍ଙ୍କିଲା ନାଇଁ।
କୋଉ ଡାହ୍ଣୁଣୀ ତା'ର ରକ୍ତ ଶୋଷି ନେଲା କେଜାଣି।
ପତ୍ର ଗୋଟେଇ ଝିଅମାନେ
ରାଷ୍ଟ୍ର କରିଦେଲେ ଗାଁରେ।
କି ହାଉଳି ଖାଇ କାନ୍ଦୁଥିଲା ଯେ ସ୍ତ୍ରୀ ଲୋକଟା!"

(ଚାରି)

ନିମ ଫୁଲର ବାସ୍ନା ମତେ ଗୋଡ଼ାଏ ସାପ ପରି ।

ସବୁ ରକମର ସତର୍କବାଣୀ ମୁଁ ଭୁଲିଯାଇଚି,
ଭୁଲିଯାଇଚି ସବୁ ରକମର ଉପଦେଶ,
ଭୁଲିଯାଇଚି ପ୍ରାର୍ଥନା, ନେହୁରା ହୋଇ କହିବାର କୌଶଳ,
ଭୁଲିଯାଇଚି ଆଦେଶ କେମିତି ଦିଆଯାଏ,
ଭୁଲିଯାଇଚି କାନ୍ଧରେ କବାଟ ଠେଲି ଧରି କେମିତି
ଅଟକାଇ ଦେଇ ହୁଏ ବଢ଼ିପାଣିର ସୁଅକୁ,
ଭୁଲିଯାଇଚି ଅସ୍ତ୍ରକୁ କେମିତି ଶାଣ କରାଯାଏ ।

ତଥାପି ମୁଁ ଟିକିଏ ଚେଷ୍ଟା କରିପାରେ କି,
କହିପାରେ କି ଉଠ୍ ଉଠ୍ ବୋଲି ?
ପାନଛେପରେ ଅସନା ଝିଡ଼ିକି ଫାଙ୍କରୁ
ଦେଖିପାରେ କି ଥରଟେ
ଋତୁରାଜଙ୍କ ଝୁଲ୍ ଝୁଲ୍ ଚାଲି ?

■

ଗେଷ୍ଟ ହାଉସ୍

ଆଗରେ ମୁଣ୍ଡିଆ ଉପରେ ଗେଷ୍ଟ୍ ହାଉସ୍,
ଆଜି ସନ୍ଧ୍ୟା ଟ୍ରେନ୍‌ରେ ସେ ଆସିଥିବେ,
ଅପେକ୍ଷା କରି ବସିଥିବେ ତାଙ୍କ ରୁମ୍‌ରେ।

ମେଘୁଆ ରାତିର ଅନ୍ଧାର ଚତୁର୍ଦ୍ଦିଗରେ,
ଟର୍ଚ୍ଚଟା ନଆଣି ଭୁଲ୍ ହେଲା,
ଘରୁ ଥରେ ବାହାରିଲେ
କେତେବେଳେ କୋଉ ବିପଦ କିଏ ଜାଣିଲା !

ରୋଡ୍ କଡ଼ର ବୁଦାମୂଳରେ ପେନ୍‌ସିଲ୍ ଟର୍ଚ୍ଚ
ଜଳୁଥାଏ ଲିଭୁଥାଏ କାହା ଅଦୃଶ୍ୟ ହାତରେ,
ଦମକାଏ ଅଣ୍ଡାପବନ ବୋହିଯିବାରୁ ସେ ଘୁଞ୍ଚିଗଲା
ଆଉ ଟିକିଏ ଭିତରକୁ, ଲୁଚିଗଲା।

କିଏ ସେଠି ? ତମେ କ'ଣ ସେ ଗୁପ୍ତଚର ଯିଏ
ନିରବଧି ମତେ ଲକ୍ଷ୍ୟ କରିବାରେ ଲାଗିଚି
ଆକାଂକ୍ଷାର ଉତ୍ସ ଖୋଜି ଖୋଜି ମୁଁ ଚାଲୁଥିଲା ବେଳେ ?
ତମେ କ'ଣ ନିଶ୍ଚିତ ଯେ (କେମିତି ବା !)
ନିଶ୍ଚିତ ଯେ କଦାପି ଧରା ପଡ଼ିଯିବ ନାହିଁ
ନିଜେ ନିଜର ଆଲୁଅରେ ?

ବୋଧେ ମୋ ବନ୍ଧୁ ଆଜି ଆସିପାରିନାହାନ୍ତି।
ମୋ' ନିଜର ବୋଲି କୌଣସି ଆଲୁଅ ନାହିଁ।
ଅନେକ ଦିନ ଆଗରୁ ମୁଁ ଧରାପଡ଼ି ସାରିଚି
ଭୁଲ୍ ଭାଲ୍ ସମ୍ଭାବନାଙ୍କ ସୁଡ଼ଙ୍ଗ ମୁହଁରେ।

ଶବ୍ଦାନ୍ତର

ତମେ ସେତେବେଳେ କ'ଣ ଭାବୁଚ, କ'ଣ କରୁଚ
ତା' ଉପରେ ନିର୍ଭର କରେ
ଶବ୍ଦଟି କି ଭଳି ଶୁଭିବ,
କିନ୍ତୁ ଶବ୍ଦଟି ଯେ ପବନରେ ଭାସି ଆସୁଥିବ ତା' ସତ।
ଅନକ ଦିନୁଁ ପାଶୋର ଯାଇଥିବା ଆକାଂକ୍ଷାକୁ
ତମ ଆଡ଼କୁ ମୁହାଁଇ ଥିବା
ତମେ ହୁଏତ ଦେଖୁଥିବ ଉଜ୍ଜ୍ୱଳ, ଉଦ୍‌ଗ୍ରୀବ ଆଖିରେ,
କିମ୍ବା ହଠାତ୍ ଅଦରକାରୀ ହୋଇ ପଡ଼ିଥିବା ପ୍ରଶ୍ନକୁ
ଘୋରି ଘୋରି ଧାରୁଆ କରୁଥିବ,
ଶବ୍ଦଟି ଶୁଭିବ, ତମେ ଟାଣି ହୋଇଯିବ,
ସଦ୍ୟ ପଡ଼ିଥିବା ବର୍ଷା ପାଣି
କ'ଣ କରିବ କ'ଣ କରିବ ହେଉ ହେଉ
ଗଡ଼ାଣିଟିଏ ପାଇଗଲେ ଯେମିତି।

ତମେ ଯଦି ଘର ଜଞ୍ଜାଳରେ ବ୍ୟସ୍ତ ଅଛ
ଶବ୍ଦଟି ବଂଶୀସ୍ୱନ ପରି ଶୁଭିବ,
ତମେ ଯଦି ବାପାଙ୍କ ଶବ ଦାହ ସାରି ଫେରୁଚ
ଜାନୁଆରିର ଶୀତ ରାତିରେ ଥରି ଥରି
ଦାଣ୍ଡରୁ ହିଁ ଶୁଭିବ ଘର ଭିତରର କୁଆଁ କୁଆଁ ରାବ,
ତମର ସ୍ୱ ଅର୍ଜିତ ସୁଖ ବୋଲି ଭାବି ରଖିସାରି
ତମେ ଯଦି ଆଲମାରିରେ ଚାବି ଦେବାକୁ ଯାଉଚ,
ବହୁ ଦୂରରେ ଗୋଟାଏ ଶୋଭାଯାତ୍ରା ଚାଲିଥିବା ଭଳି ଶୁଭିବ,
ତମେ ବାଧ୍ୟ, କାନ ପାତି ଶୁଣିବ।

ସେ ଶବ୍ଦ ନା ଜନ୍ମର ନା ମୃତ୍ୟୁର।
ସେଥିପାଇଁ ରାଧାର ଲଙ୍ଗଳା ମୁକୁଳା ହୋଇ

ଧାଇଁବା ନୀପ ମୂଳକୁ ଅବାନ୍ତର।
ସେତିକି ଅନାବଶ୍ୟକ ଅଫିମ ଭର୍ତ୍ତି ବାକ୍‌ସକୁ
ମୋର ନୁହେଁ ବୋଲି କହିଦେବା ଟ୍ରେନ୍‌ରେ
ଯାଞ୍ଚ୍ କଲାବାଲା ଅଫିସର୍‌ମାନଙ୍କୁ।
ମନେରଖ
ଥରେ ବାହାରିଗଲେ ଆଉ ବାହୁଡ଼ିବାର ନାହିଁ
ସତ ମିଛ ମାନ ଅଭିମାନ
ଅହଙ୍କାର ଅନୁତାପର ଏନ୍ତୁଡ଼ିଶାଳକୁ।

ଭଲ କରିଚ, ଭୁଲିଯାଇଚ ସେ ଶବ୍ଦଟିକୁ,
କୌଣସି ଛୁଟି ଦିନ ଅପରାହ୍ନର ଆକାଶରୁ ଯା' ଆସିଥିଲା
କୌଣସି ଚିଲର ଡାକ ପରି।
ସେ ଶବ୍ଦ ତମେ ଆହୁରି ଅନେକ ଥର ଶୁଣିବ
ସବୁ କାମ ସାରିଦେଇ
କଂସା କବାଟରେ ଯାଇ ହାତ ବାଡ଼େଇବା ଯାଏଁ,
ମୁଁ ଆସିଚି ମୁଁ ବୋଲି ପାଟି କରିବା ଯାଏଁ;
ଏବଂ କବାଟ ଖୋଲିଯିବ ତମର ଆଦେଶରେ, ନିଶବ୍ଦରେ।

■

ଖେଳ

ସେ ଖେଳ ଆଉ ଖେଳି ହେଲା ନାହିଁ।
ଟେଲିଫୋନ୍ ରିସିଭର୍ ଆପେ ଉଠିଆସି ବାରନ୍ଦାକୁ,
ସକାଳ ଚା'ଖିଆ ଚୌକି ପାଖକୁ
କହିଥିଲା,
ପଞ୍ଜୁରୀର ଶୁଆ ବି ପ୍ରବର୍ତ୍ତାଇ ଥିଲା,
ମଧ୍ୟ ପ୍ରାଚ୍ୟରୁ ବିଫଳକାମ ହୋଇ ଫେରି ଆସିଥିବା
ବାରିକ ମିସ୍ତ୍ରୀ ଚିହାଇଥିଲା ଖେଳ୍ ଖେଳ୍ ବୋଲି।
ସେ ଖେଳ କିନ୍ତୁ ଆଉ ଖେଳି ହେଲା ନାହିଁ।

ଛାତ ଉପରୁ ବାଲ୍‌କନିରୁ ଅନାଇଥିଲେ ଲୋକେ,
ସାରା ଦେଶର ସ୍କୁଲ କଲେଜ୍ ଅଫିସ୍ ଛୁଟି କରିଦିଆ ଯାଇଥିଲା;
ମନ୍ତ୍ରୀ, ମହାତ୍ମାମାନଙ୍କ ବେତାର ବାର୍ତ୍ତା ଓ ଆଶୀର୍ବାଦ,
ବହୁବାର କବାଟ ବାଡ଼େଇବା ପରେ
ଝରକା ଅଳ୍ପ ଖୋଲାକରି ସେ କହିଦେଲା
ପରେ ଆସ, ଅନ୍ୟ ଲୋକ ଅଛନ୍ତି।

ସେ ଖେଳ ଆଉ ଖେଳି ଆସିଲା ନାହିଁ,
ଯେତେ ଅଣ୍ଡାଳି ହେଲା ପଛକେ ହାତ
ଖୋଷଣି ପାଇଲା ନାହିଁ ଅନ୍ଧାର।
ମେଘମାଳା ଏପଟ ସେପଟ ହୋଇ ବୁଲିଲେ,
ସେମିତି ଥମ୍ ଥମ୍ ହୋଇ ରହିଲା ଆକାଶ,
ଦର୍ଶନ ମିଳିଲା ନାହିଁ ବାବାଙ୍କର, ସୀତାଙ୍କୁ ଠାବ କରି ହେଲା ନାହିଁ;
ଆଖି କାନ ନାକରୁ ଉହୁଙ୍କି ଉଠିଥିବା ଫୁଲଗଛର ଚାରା
ସେଇଠି ଝାଉଁଳି ଗଲେ। ନା, ନା, ସ୍ୱେଚ୍ଛାଚାରୀ ଶାସକକୁ
ସତର୍କ କରାଇ ହେଲା ନାହିଁ;
ଝିଅକୁ ଆଜି ସ୍କୁଲ ପଠାଇ ହେଲା ନାହିଁ,

ଅଧ ବୋତଲେ ରକ୍ତ ଦେଇ ହେଲାନି ମୁମୂର୍ଷୁକୁ କି
ବାହୁଡ଼ି ଆସି ହେଲା ନାହିଁ ତା' ବନ୍ଦ୍ କବାଟ ପାଖକୁ।

ଗାରାଜ୍‌ର ଅସନା ପରିତ୍ୟକ୍ତ କୋଣରେ
ମୁହଁ ମାଡ଼ି ପଡ଼ିଥିବା ଯୋଡ଼ାଏ ଭଙ୍ଗାଗାଡ଼ି ମଝିରେ
ଦୂବ ଖୁଣ୍ଟି ଖାଉଥିବା ଗାଈଟି ଏମିତି ମତେ
ତଡ଼ି ଆଣୁଥାଏ ମୋ' ପାଖକୁ,
ପ୍ରଚଣ୍ଡ ସୂର୍ଯ୍ୟାଲୋକରୁ ବୁଦୁବୁଦୁକିଆ ଜଙ୍ଗଲକୁ
ଦୌଡ଼ି ପଳାଉଥିବା ଠେକୁଆ ଏମିତି ମତେ
ଏକୁଟିଆ ଠିଆ କରାଇ ଦେଉଥାଏ ଦର୍ଶକ ଭୂମିକାରେ,
ମୋ ନିଜ ରକ୍ତ ମାଂସ ଚମର କାନ୍ଥ କଡ଼ରେ;
ସଦ୍ୟ ଡାକରେ ଆସିଥିବା ଲଫାପାରୁ ବାହାରିପଡ଼ି
ଖାଲି କାଗଜ ଖଣ୍ଡକ ମତେ କଲମ କରି ଚଲାଏ।

ଥରେ ଖେଳି ସାରିଥିବା ଖେଳ ବୋଧେ
ଆଉ ଖେଳି ହୁଏ ନାହିଁ;
ନା ଖେଳ ଖେଳି ହେଲା ନା ନିଷ୍କର୍ମା ଏଇ ସମୟର
ଜମି ଖଣ୍ଡକ ଟେକି ଦେଇହେଲା
ଅପେକ୍ଷାରତ ବାମନର ହାତକୁ।

■

ସର୍ତ୍ତ

ଅନ୍ୟ କୌଣସି ସର୍ତ୍ତରେ
　　ଏ ମନ ବୁଝିନାହିଁ, ବୁଝିବ ନାହିଁ।
ମୋ' ଦିଗ୍‌ବଳୟକୁ ଆସିବ ତ ସୂର୍ଯ୍ୟ ହୋଇ ଆସ
ନହେଲେ ପଙ୍କରେ ଲୋଟି ପଡ଼ିଥାଉ ମୋ' ସନ୍ଧି ଓ ସମାସ।

ଅନ୍ୟ କୌଣସି ସର୍ତ୍ତରେ
　　ଏ ନୌକା ଚାଲିନାହିଁ, ଚାଲିବି ନାହିଁ;
ଯଦି ମୋ' ବାହୁବେଷ୍ଟନୀକୁ ଆସିବ ରକ୍ତ ହୋଇ ଆସ,
ବର୍ଷା ରାତିର ଅନ୍ତିମ ବାଟୋଇ ପରି ଆସ, ମୁଁ ପାର୍ କରିଦେବି।

ଧାନ ଆଞ୍ଜୁଳା ଟେକି ମୁଁ ଅନେକ ବେଳୁ ଠିଆ ହେଲିଣି,
ମୋ' ଆଖିରୁ ଅନ୍ଧାରପଟି ଖୋଲିଦିଅ ମୁଁ ଦେଖିନିଏ
କେଉଁ କ୍ଷେତର ଆଗ୍ରହ କେଉଁପରି, କେଉଁ ମୁହୂର୍ତ୍ତର।

ଏମିତି ରାତି ଆଉ ଆସିବ ନାହିଁ ମର୍ତ୍ତ୍ୟରେ କେବେ,
ଏମିତି ରାତିରେ ମାଛଓଠର ରକ୍ତସ୍ରାବ ମୋଟରୁ ଦିଶେ ନାହିଁ,
ମୋର ବିଶ୍ୱାସ ନେଇଯାଅ, ମୋ' ସ୍ନେହର କଣ୍ଟା ନେଇଯାଅ।

ଏତେ ଉଦ୍‌ବେଗ ମୋର କ'ଣ ହେବ, ଏତେ ଉତ୍କଣ୍ଠା ?
ଏପାରିରୁ ସେପାରି ସେପାରିରୁ ଏପାରି ମୋର ଆତଯାତ ଯେହେତୁ,
ଅତୀତ, ବର୍ତ୍ତମାନ ଓ ଭବିଷ୍ୟତ ପରିଣତି ବିହୀନ ଖେଳ ?

କାହିଁ ଦି'ପଦ କଳକୂଜନରେ ମୋର କି ପ୍ରୟୋଜନ,
କି ପ୍ରୟୋଜନ ଦଣ୍ଡକର ବରଗଛ ଛାଇ ବା ପିଲାଙ୍କ ଅଳିରେ ?
ମୋର ଯଦି ହଠାତ୍ ଚେତା ବୁଡ଼ିଯାଏ ଚଉଦିଗରେ ସୋରଶବ୍ଦ ନଥିଲେ
ତେବେ ବି ସୂର୍ଯ୍ୟ ହୋଇ ଆସିବ, ଦେଖାଇଦେବ ସେମାନଙ୍କୁ
ମୁଁ ଯାହା ଦେଖି ପାରିଲି ନାହିଁ; ବୀଜ ବଦଳିଯାଏ ବୀଜକୁ
ମୁଁ ପଛରେ ଛାଡ଼ି ଆସିଥିବା ଫାଙ୍କା ବିଲମାଳରେ ।

■

ବାନର ମକର କଥା

ଏତେ ପ୍ରାଣୀ ଥାଉ ଥାଉ
    ମତେ କାହିଁକି ସାଙ୍ଗ କଲ କେଜାଣି !
କେବେ କ'ଣ ଆଖିରେ ପଡୁନଥିଲେ
ହରିଣ, କୋକିଶିଆଳି,
ଚରି ଆସୁଥିବା ଛେଳିଗୋଠ ବା ଗାତମୂଷା, ଠେକୁଆ ?
ନା ତମର ହାତ ପାଦ ଆଉ ଚଳୁନଥିଲା,
ଆଖିକି ଭଲ ଦିଶୁ ନଥିଲା ?
ତମର ଯୁବା ବୟସ ବା କେବେ ଥିଲା,
ମୁଁ ତମକୁ ଜାଣିଲା ଦିନୁଁ ତ ତମେ ବୁଢ଼ା ।

ଏକଥା ସତ ଯେ ମୋ' ଅଧିକାରରେ
କୋଳି ଗଛଟିଏ ଥିଲା,
ଏକଥା ମଧ୍ୟ ସତ ଯେ ଗୋଟିଏ
କୋଳିଗଛର ଅଧିକାରରେ ମୁଁ ଥିଲି,
ଖରାବର୍ଷା ଶୀତକାକରରୁ ଆଶ୍ରୟ ଲୋଡ଼ା,
ଏ ଜୀବ ଯେ ପାଣିଫୋଟକା
ତମକୁ ଆଉ କ'ଣ ବୁଝେଇ କହିବାକୁ ପଡ଼ିବ ?

ଏତେ ପ୍ରାଣୀ ଥାଉ ଥାଉ
ମତେ କାହିଁକି ବାଛିଲ ଏ ଦୁଃଖ ପାଇଁ ?
ଏବେ କି ବର୍ଷାଋତୁ, କୋଳି ପାଚିଚି ଅଜସ୍ର,

ତମେ ଆଉ ମାଗିବା ପାଇଁ ଆସିବ ନାହିଁ,
କୋଉ ମୁହଁରେ ଆସିବ,
କଲିଜା ଥରେ ମାଗିସାରିବା ପରେ
ଠକି ଯିବା ପରେ ?
ତମେ ଅବଶ୍ୟ ଠକି ଯାଇଚ, ତେବେ
ମୋ କଲିଜାଟା ଯେ ଆଉ କିଏ ପାଇଯିବ
ଏକଥା ମୁଁ ଭରସି କହିପାରୁ ନାହିଁ,
ଥରେ ମାଗିଦେବା ପରେ ସେଟା
ତମର ହୋଇ ରହିଗଲା କାଳକାଳ ପାଇଁ,
ତମର ବୋଲି ହିଁ କ'ଣ ମାଗିଥିଲ କି ?

ମୁଁ ବା ତମ ପିଠିରେ ବସି
କାହିଁକି ଗଲି କେଜାଣି,
ମତେ ତ ଜଣାଥିଲା ଯେ ସେଠି
ଅକାତ କାତ ପାଣି ।
ତମର ସାମାନ୍ୟ କଡ଼ ମୋଡ଼ାରେ
ମୋର ସବୁ ସରିଥିଲା,
ତମେ ବି କେମିତି ମତେ
ଲେଉଟାଇ ଆଣିଲ,
ବିଶ୍ୱାସ କ'ଣ ସନ୍ଦେହର ଅନ୍ୟ ରୂପ ?
ନା ସନ୍ଦେହ ବିଶ୍ୱାସ ବୋଲି କିଛି ନାହିଁ
ଯେତେ ଯାଏଁ ତମର ମୋର
ଚଳପ୍ରଚଳ ହେବାର ଜାଗା ଅଲଗା
ତମେ ପାଣିର, ମୁଁ ଗଛଡ଼ାଳର ?

ଆମେ ଉଭୟେ ଥରେ ଥରେ ହାରିଚେ,
ଥରେ ଥରେ ଜିଣିଚେ ।
ଖୁସିରେ ମୋର ରହିବା କଥା,
ତେବେ କାଲି ସାରାରାତି

କୁଆଡୁ ଆସି ଗୋଟାଏ କୁଆ
ରାଉ ରାଉ ହୋଇ ମତେ ଶୁଆଇ ଦେଇନି;
ତମେ ରୁପାର ଝଲମଲ ଲାଞ୍ଜ ପିଟିପିଟି ପାଣିରେ
ମାଡ଼ି ଆସୁଚ କୂଳ ଆଡ଼କୁ ଦେଖୁଚି,
ରକ୍ତସ୍ରାବ ହେଉଚି ମୋ' ଭିତରେ;
ଆମେ ପରସ୍ପରକୁ ଶେଷଥର ପାଇଁ
ବିଶ୍ୱାସ କରିବାର ମୁହୂର୍ତ୍ତ କ'ଣ ଆସିଗଲା,
ପରସ୍ପରକୁ ସନ୍ଦେହ କରିବାର ?
ମୁଁ ଆଉ ତଳକୁ ଡେଇଁ ପାରିବିନି,
ଗଛ ସମେତ ଉପାଡ଼ି ନେଇଯାଅ ।

ମଝିରୁ କେତେ ପୃଷ୍ଠା

ତମର ମୃତ୍ୟୁ ପରେ
ପଚାଶ ବର୍ଷ ତଳେ ତମେ ଲେଖିଥିବା
କ୍ଷୀଣକାୟ କାବ୍ୟଟିର ଖଣ୍ଡିଏ କପି
ଆମେ ଉଦ୍ଧାର କଲୁ ପୁରୁଣା ସିନ୍ଦୁକର କବଳରୁ ।

ସାନଭାଇ ଧୂଳି, ବୁଢ଼ିଆଣୀ ସୂତା ପୋଛିଦେଇ
ଟେବୁଲ୍ ଉପରେ ରଖିଲା
ଆମର ସାମୂହିକ ପର୍ଯ୍ୟବେକ୍ଷଣ ପାଇଁ,
ଆକସ୍ମିକ ଦମକାଏ ପବନ
ପତଳା ମଲାଟଟିକି ଉଠାଇଦେଲା,
ତମେ ଯେମିତି ଖଟ ଦାଢ଼ରେ ଝୁଲିପଡ଼ିଥିବା ଚଦରକୁ
ଉଠାଇଥିବ ଆମ ପିଲାଦିନେ
ଆମେ ସମସ୍ତେ ଖଟତଳ ସନ୍ଧିରେ ଲୁଚିଥିଲା ବେଳେ,
"ଏଥର ତମେ ମତେ ଖୋଜିବ"- କହିବ ତା'ପରେ ।

ଆମେ ପ୍ରଥମେ କେତେ ପୃଷ୍ଠା ପଢ଼ିଲୁ,
ଦେଖିଲୁ, ଅଭିମନ୍ୟୁ ପରି ଉଜ୍ଜ୍ୱଳ
ସତର ଅଠର ବର୍ଷର ଯୁବକ ଜଣେ
ଡେଇଁ ପଡୁଚି
ଥଳକୂଳ ପାଉନଥିବା ବଢ଼ିଲା ନଈକି;
ଶେଷ କେତେଟା ପୃଷ୍ଠାରେ

ଗାଁ ଲୋକେ ଅପେକ୍ଷା କରି ରହିଚନ୍ତି କୂଳରେ
ସେ ବାହୁଡ଼ି ଆସିବ ବୋଲି
ନଈ ସେପାରି ଭଙ୍ଗା ଦେଉଳର ଖରାଖିଆ ଦିଅଁଙ୍କୁ ଧରି।
ମଝିରୁ କେତେ ପୃଷ୍ଠା ନଥିଲା।

ଆମେ ଭାବିଲୁ ସେଇ କେତେଟା ପୃଷ୍ଠା
ନ ମିଳିଲେ ବି କିଛି ଯାଏ ଆସେନା।
ଭଉଣୀ କିନ୍ତୁ କୋହ ସମ୍ଭାଳି ନପାରି
ଆର ଘରକୁ ଉଠିଗଲାବେଳେ,
ଆମେ ତା'କୁ କ'ଣ କହି ଫେରାଇ ଆଣିବୁ?
ତମେ କ'ଣ ଏବେ ବି ସେଇ ବିଶ୍ୱାସ ରଖିଚ ଯେ
ପ୍ରତ୍ୟେକ ନିଜ ନିଜ ପେନ୍‌ସିଲ୍ କାଟିବା କଥା,
ସୂତ୍ର ଏକାନ୍ତ ବ୍ୟକ୍ତିଗତ, କାମ ଯଦିଓ ସମାନ?
ତମ ନିଜ ସୂତ୍ରର ଉଲ୍ଲେଖ ଥିଲା
ବୋଧହୁଏ ସେଇ କେତେଟା ପୃଷ୍ଠାରେ।
ଅଧିକନ୍ତୁ, ତମେ ତ ଆଉ ଫେରିବନାଇଁ କେବେ।

■

ଅନ୍ଧାରି ବିଜେ

ଅନେକ ଅନେକ ଦିନ ଧରି
ସେମାନଙ୍କ ସାଙ୍ଗରେ ଚିହ୍ନା ପରିଚୟ, କଥାବାର୍ତ୍ତା।
ଦିନର ଆଲୁଅରେ ସେମାନେ
ମିଶିଯାନ୍ତି କୁଆଡ଼େ ପଞ୍ଚଭୂତରେ।
ପର୍ବତ ଆର ପାଖରେ
ସୂର୍ଯ୍ୟର ଲାଲ୍ ପୁଚ୍ଛ ଲୁଚିଯିବ ଯେମିତି
ସେମାନେ ଫେରି ଆସିବେ,
ଅପେକ୍ଷା କରିବେ ମତେ ଅଧରାତି ଯାଏଁ
ମଶାଣିର ନିମ ଗଛରେ।
ସେମାନେ ମୋର ଶବ
ଅନେକ ଅନେକ ମୃତ୍ୟୁର।

ଜଣକ ପରେ ଜଣେ
ଲୋଟି ପଡ଼ିବେ କାନ୍ଧରେ ମୋର, କହିବେ
ଚାଲ୍, ଚାଲ୍, କଥା ଅଛି...
ତା'ପରେ ଖାଲି ଗୋଟିଏ ପ୍ରଶ୍ନ
ଯେ କୌଣସି ଉତ୍ତରଠାରୁ ଗଭୀର।
ମୁଁ ଯଦି ଅଟକିଯାଏ ଢୋକଟେ ପାଣି ପାଇଁ
ବିଲପଦା ମଝିର ଭଙ୍ଗା କୂଅ ପାଖରେ,
ମୋ' ପାଟି ହଠାତ୍ ଭୁଲିଯିବ
ପାଣି କେମିତି ପିଆଯାଏ,
ଝାଳ ବୁନ୍ଦାଏ ଛିଞ୍ଚାଡ଼ି ଦେଲି ତ
ଝାଁପି ନେଇଯିବ ନକ୍ଷତ୍ରଟେ।

ବାକିତକ ରାତି କଟିବ ବାଟଚଲାରେ
ଭାରବୁହା ଲୋକର,

ଅନ୍ଧାରିବିଜେ ସରିଯିବ,
ଶବ ଓହ୍ଲାଇଯିବ, ଅପସରିଯିବ
ମନ୍ଦାର, କନିଅରର କେଶରକୁ।
ରାଜ୍ୟ ସୀମାରେ କମାର ପଜାଉଥିବ ଛୁରୀ
ଆଉ ଗୋଟାଏ ମୃତ୍ୟୁ ପାଇଁ,
ଆଉ ଗୋଟାଏ ପ୍ରଶ୍ନ ପରି ଅସମୀଚିନ, ତୀକ୍ଷ୍ଣ।
ଏଇଥିଲାଗି ତ କୁଆ ବସାରୁ ବାହାରେ
ପୁଣି ଫେରେ,
ମାଟି ଉଚ୍ଚାଟ ସ୍ୱରରେ ନ ଗାଇ ପାରିବା ଗୀତ
ଗାଇବସେ,
ତାଳପତ୍ର ହଲେ,
ଛନ୍ଦାଛନ୍ଦି ହୋଇଯାଆନ୍ତି ରାସ୍ତାଘାଟ।
ଇଚ୍ଛାହୁଏ ଲୋକଲୋଚନ ଅନ୍ତରାଳରେ
ମିଶିଯାନ୍ତି ଯାଇ ଆଉ ଗୋଟିଏ ଛେଦ ଚିହ୍ନରେ,
ହଜାର ହଜାର ହଜାର ହଜାର ଶବ୍ଦ ପରେ ଯେ ଆସେ,
ଦରଆଉଜା କବାଟ ପରି ହସେ।

■

ତପ୍ତପାଣିରେ ପିକ୍‌ନିକ୍

ପଥରର ବି ଗୋଟାଏ ମନ ଅଛି, ପାଟି ଅଛି।
ବେଳେବେଳେ ଉଷ୍ଣ ଆବେଗରେ
ଭରିଦିଏ ସିମେଣ୍ଟ୍ କୁଣ୍ଡକୁ
ପାଣି ଶବ୍ଦରେ,
ଆଉ ବେଳେବେଳେ
ବୁଦ୍ଧ ପରି ଥଣ୍ଡା ଓ ନରମ,
ବହିଯାଏ ଶୋଷିଲା କାପ୍ତାଙ୍କର ଅଣ୍ଟ ଦାଢ଼ରେ।

ଆମେ ଏଠିକି ଆସିବାର ଉଦ୍ଦେଶ୍ୟ
ଗାଡ଼ି ଭିତରେ ରହିଗଲା;
ଚାବି ନେଇ ଡ୍ରାଇଭର୍ ଫେରାର୍।

ଅନ୍ୟ ଗୋଟିକ ମାତ୍ର ଉଦ୍ଦେଶ୍ୟ
ପଥରର ପାଟିରେ
କାହିଁ ଉଚ୍ଚରେ,
ପୁରୁଣା ମାଟି, ଆକାଶ,
ପୁରୁଣା ତାଳପତ୍ର ଗହଳିରେ।
ସେ ଅଦୃଶ୍ୟ ଶୂନ୍ୟତାର ବାଘ
ଆପେ କେବେ ପଶି ଆସିବ ନାହିଁ, ବିନୋଦ,
ତମ କ୍ୟାମେରାର ପିଞ୍ଜରାକୁ।

ଜଣେ ଅଧେ ତଥାପି
ଦକ୍ଷ ଶିକାରୀ ଠାଣିରେ
ଏପଟ ସେପଟ ଓଲଟାଇ
ଦେଖି ନେଉଛନ୍ତି
ଅସହଜ ମୁହୂର୍ତ୍ତର ଶବକୁ।

ଜଣେ ଅଧେ ଖାଲି କାଗଜରେ
ଆଙ୍କିବାରେ ଲାଗିଚନ୍ତି
ପାହାଡ଼, ଗଛ, ଉପରଓଳିର ସୂର୍ଯ୍ୟ,
ଖାଲି ପତର ଚାଟୁଥିବା କୁକୁର।

ଖଣ୍ଡେ ଗୀତ କେଉଁଠି
ଧୂଆଁ ଭଳି ଉଠୁଚି,
ତାଳିମାଡ଼ରେ ଦୂର ସହରର ଦିଆଲୀ।

ହସ ପାଲଟି ଯାଉଚି ଚିନାବାଦାମ,
କୁଆ ଉଠାଇ ନେଇଯାଉଚି
ପଣସ ଗଛକୁ।

ପଚାର ନାହିଁ କିଏ ତୋଳିଚି ଦେଉଳ,
କିଏ ଥାପିଚି ପଥରକୁ
ଦେବତା କରି;
ଆମେ ଏଠିକି ଆସିଚେ
ପଚାରିବାକୁ ନୁହେଁ,
କୋଳି ତୋଳିବାକୁ।

କେହି ଜଣେ କହୁଚି
ଦଳ ବାନ୍ଧି ସେମାନେ
ଖୋଜୁଚନ୍ତି
ଝରଣାର ଉତ୍ସ,
ପର୍ବତ ଉପରର ଦୂରର ତାଳପତ୍ର ହଲିବା,
ଖଣ୍ଡ ଖଣ୍ଡ ପଥର
ଗଡ଼ି ଆସିବା ବ୍ୟତୀତ
ଆଉ କିଛି ଦିଶୁ ନାହିଁ, ଶୁଭୁ ନାହିଁ।

ଶବ୍ଦ ପରି ସେମାନେ ହଜିଗଲେଣି,
ଚଢ଼େଇ ପରି ବିଛାଡ଼ି ହୋଇଗଲେଣି
ଦିଗ୍‌ବିଦିଗ।

ଯେତେବେଳେ ଫେରିଲେ,
କାହା ହାତରେ ବଣୁଆ ଫୁଲ ପେନ୍ଥାଏ,
କାହା ହାତରେ ଖଣ୍ଡେ ଚକ୍ ଚକ୍ ଗୋଡ଼ି,
କଞ୍ଚା ସରୁ ଡାଳ,
ଅଜଣା ପକ୍ଷୀର ପର।

କେହି ଜଣେ କହୁଚି,
ଗୋଟାଏ ବୁଢ଼ା ଆଦିବାସୀ ସାଙ୍ଗରେ ଦେଖାହେଲା,
ସେ ବାରଣ କଲା ଉପରକୁ ଯିବାକୁ,
ଆହୁରି ଉପରକୁ।

ଆଉ ଜଣେ ପଚାରୁଚି,
କାହିଁକି ଆମେ ଏଠିକି ଆସିଥିଲେ ?
ଖଣ୍ଡିଆ ଆଣ୍ଠୁରେ ତା'ର
ରକ୍ତ ଟୋପି ଟୋପି,
ପ୍ୟାଣ୍ଟ୍ ଚିରା।
ତା' ପାଖରେ ଶେଷସୂର୍ଯ୍ୟ ଅଟକିଗଲା
କ୍ଷଣକ ପାଇଁ,
ସବୁ ଆଲୁଅ ଲିଭାଇଦେଇ
ଚାଲିଗଲା
ଫାଙ୍କା ଡାକବଙ୍ଗଳାର ଚୌକିଦାର ପରି।

■

ଭୁଲ୍ ବୁଝାମଣା

ତା'ର ସବୁଯାକ ଯୁକ୍ତି
ଅଣ୍ଡା ଖୋଳପା ପରି ଭଙ୍ଗୁର,
ଶବ୍ଦ ଗୁଡ଼ାକ ଖଣ୍ଡ ଖଣ୍ଡ କାଚ
ଆଉ କିଛି ରକ୍ତ ବୁହାଇ ଦେବାର ଚେଷ୍ଟାରେ,
ତା' ମୁଣ୍ଡର ତମ୍ପ ପଶିଚି
ନ୍ୟାୟ ମୀମାଂସାର ବାୟାବସାରେ।

ସତେ ଅବା ସେ ଆଉ ଚୁପ୍ ହେବନି,
ଶେଷକୁ ତୀକ୍ଷ୍ଣ ଚିତ୍କାରଟେ ହୋଇ ହିଁ
ହଜିଯିବ ମହାଶୂନ୍ୟରେ।

ତା'ରି ଭାଷାର ହାତ ଧରି
ବୁଲିଯାଇ ହୁଅନ୍ତା ପାର୍କ ଆଡ଼େ,
ଡାକି ଆଣି ହୁଅନ୍ତା ଅନାଥ ସକାଳକୁ।
ତା'ରି ଯୁକ୍ତିର ଏଣୁ ତେଣୁ ଗାରକୁ
ଯୋଖି ଦେଇ ହୁଅନ୍ତା କେନ୍ଦେରାରେ।

ତା'ରି ଜିଭ ଆଉଁଶି ଦେଇ ପାରନ୍ତା
ଯେ କୌଣସି କଷ୍ଟର ନାହିମୁଣ୍ଡାକୁ,
ତା'ରି ଦାନ୍ତ ଭରି ଦେଇ ପାରନ୍ତା
କାକୁସ୍ଥ ବିଲଙ୍କର ଗିନା।

ସେ କିନ୍ତୁ ଭୁଲିଯାଇଚି,
କେଉଁଠି ଲୁଚାଇଚି ତା' ଭୁଲକୁ,
କେଉଁ ମାଟି ସରାରେ, କେଉଁ ଗଛ ମୂଳେ
ବାପାଙ୍କ ଅସ୍ଥି ଦି'ଖଣ୍ଡ ପରି। ■

ଚିଠି

ସଂସାରର ସମସ୍ତ ଲୋକ ଯେମିତି
ଅପେକ୍ଷା କରିଥିଲେ ଏ ଚିଠିଟିକୁ,
ଚିଠିଟି ଆସି ପହଁଚିଚି
ଆଜି ଡାକରେ, ଉପରଓଳି ଡାକରେ,
କାଲିର ପରଦିନର
ଆଗାମୀ ଅନେକ ଦିନର ଡାକ ରଦ୍ଦ କରିଦେଇ।

ଏତେକାଳ ଧରି ମୁଁ ଭାବିଥିଲି
କଳ୍ପନା କରିଥିଲି ଯେ
ଆହୁରି କୌଣସି ନା କୌଣସି
ଆକାଂକ୍ଷା ଅଛି, ସ୍ୱପ୍ନ ଅଛି
ଏଇ ମାଛରଙ୍କାର
ଝଲମଲ ସଚଳତାର ସେପାଖରେ।

ଗାୟତ୍ରୀ ଜପିଲା ବେଳେ
ମୁଁ ଝୁଣ୍ଟି ପଡ଼ିଥିଲି ବ୍ରାହ୍ମ ମୁହୂର୍ତ୍ତରେ;
ଆଜି ସକାଳେ, ଅସହ୍ୟ ଗରମରେ
ତରଳି ବୋହିଯାଉଥିଲା ଆକାଶ,
କଲମ ଖଣ୍ଡା ଭାଙ୍ଗିଦେଇ
ମୁଁ ଅଭିମାନରେ, ଅବଶୋଷରେ

ଲକ୍ଷ୍ୟ କଲି ହଳଦିଆ ଘୋଡ଼ାକୁ,
ମୋ' ରକ୍ତରୁ ମୋ' ଦୁଃଖରୁ ସ୍ୱାଧୀନ,
ନିରାଲମ୍ବ ସେ ପଶୁ
ଏକମୁହାଁ ଭାସିଯାଉଥିଲା ଅନ୍ୟ ଦିଗରେ,
ମୋର ଭବିଷ୍ୟତ ପରି
ଏକା ସାଙ୍ଗରେ ଚିହ୍ନା ଅଚିହ୍ନା କୋମଳ କଠୋର।

ସବୁଠୁ' ବେଶୀ ଅପ୍ରସ୍ତୁତ
ବେଳାରେ ହିଁ ଆସି ପହଞ୍ଚନ୍ତି ରୋଗୀ ଓ ଅତିଥି,
ଔଷଧ ନାହିଁ, ସମୟ ନାହିଁ,
ଚା' ନାହିଁ କହି ତଡ଼ି ଦେଇ ହୁଏନା !
ଚିଠିଟି ଜଙ୍ଗଲ ଭିତରର
ମନ୍ଦିରର ଦ୍ୱାର ଭଳି ସବୁବେଳେ ଖୋଲା,

ସବୁ ଋତୁରେ, ଅନଟନ
ଓ ସମୃଦ୍ଧିରେ, ନାହିଁରେ ଓ ହଁ ରେ।
ମୁଁ ତମ ରାଜ୍ୟର ତମ ଭାଷାର
ଶେଷ ସୀମାରେ ଆସି ପହଞ୍ଚିଛି
ଏଇ ଚିଠିଟି ପାଖରେ,
ଏଇ ଚିଠିର ନିର୍ଦ୍ଦୟ ଶୁଭେଚ୍ଛାଟିକକରେ।

■

କଙ୍କି

ମା' ମରଣର ଭୟ
ବାପାଙ୍କ ଅନ୍ୟମନସ୍କ ଉତ୍ତରରେ ସମାହିତ।

ଛୁଟି ଦିନର ଦରଆଉଜା ଦ୍ୱାରମାନ ଖୋଲିଯାଏ।
ନାହି ତଳକୁ ପ୍ୟାଣ୍ଟ୍, ବୋତାମ୍ ଲାଗି ନଥିବ ଫ୍ରକ୍ ପିଠିରେ,
ସେମାନେ ବାହାରିଯିବେ କଲୋନିମୁଣ୍ଡ ଘାସ ପଡ଼ିଆକୁ
କଙ୍କି ଧରିବାକୁ।

ସରୁ ସରୁ ଗୋଡ଼ ଆଗେଇଥିବ ସନ୍ତର୍ପଣରେ,
ସାନ ସାନ ହାତ ଲମ୍ବିଥିବ ବିଯୋଗ ଚିହ୍ନ ପରି
ଉଡ଼ି ପଳାଉଥିବ କଙ୍କି ପଛରେ।
ଲାଲ୍ ମୋଟା ଗୁଡ଼ାକ ସବୁଠୁ' ବଦ୍‌ମାସ
କେବେ ଧରା ଦେବେ ନାହିଁ,
ନେଳି ସରୁ ଗୁଡ଼ାକ ଲୁସି ପରି ବୋକୀ।

ପର ଛିଣ୍ଡାଇବା ବେଳେ
କୌଣସି ସୂର୍ଯ୍ୟ ଅଟକାଇଦିଏନା ହାତକୁ,
ଛେଚି ମାରିଦେବା ବେଳେ
କୌଣସି ପବନ ଛଡ଼ାଇନେଇପାରେନା ପଥରକୁ।
କିଏ ଜାଣେ ସଠିକ ଆନନ୍ଦର ରଙ୍ଗ କ'ଣ!

ସେମାନେ ଫେରି ଆସିବା ବେଳକୁ
ପ୍ରତ୍ୟେକ ଗାଲ ଲାଲ୍
ଗୋଲାପ ପରି, ଧରା ନପଡୁଥିବା କଙ୍କି ପରି।

ଆମେ ବାପମାନେ
ସେମାନଙ୍କୁ ଡାକିହାକି ଉଠାଇ ନେଇ ଆସୁ
ଅନେକ ବେଳୁ ଭୁଲିଯାଇଥିବା କ୍ଷତ ସବୁ ଯେମିତି,
ଶିଖାଇବାକୁ ଚେଷ୍ଟା କରୁ
ଯାହା ସେମାନେ ଶିଖି ସାରିଥାନ୍ତି।

■

ଏମ୍.ଟି.ପି.

ଗୋଟାଏ ବଡ଼ ମାଟିଆ କାଗଜର ରେଜିଷ୍ଟର୍‌ରେ କ'ଣ ଲେଖୁ ଲେଖୁ
ଲେଡ଼ି ଡକ୍‌ଟର୍ ଧୈର୍ଯ୍ୟର ସହିତ ଶୁଣିଲେ,
ଦୁଇ ପିଲାଙ୍କ ବୟସ ପଚାରିଲେ,
ବହୁ ବାପ ମା'ଙ୍କୁ ଦେଇଥିବା ପରାମର୍ଶ ଦୋହରାଇଲେ
ଦିନ ସମୟ ଠିକ୍ କରିଦେଲେ।

କୌଣସି କବି, କୁମ୍ଭାର, ଉଇ କି ବାୟାଚେଢ଼େଇ
ଏତେ ଦୋଷୀ, ଏତେ ଆକ୍ରାନ୍ତ ଦିଶିନଥିବ, ସେଦିନ
"ଆପଣ ଶିକ୍ଷିତ ଲୋକ" ଶୁଣୁଥିବା
ବାପଟି ଯାହା ଦିଶିଲା,
ଅଣ୍ଟା ପଛରେ ହାତ ଯୋଡ଼ି ଠିଆ ହେଲା।
ନଈବଢ଼ି ଆସୁଥିବା ଆତଙ୍କରେ
ଖାଲି ହେବାକୁ ଯାଉଥିବା ଗାଁ ପରି ପଡ଼ିରହିଲା
ସ୍ତ୍ରୀଲୋକଟି।

ନିର୍ଦ୍ଦିଷ୍ଟ ଦିନ ସକାଳ ସାଢ଼େ ଆଠଟାରେ
ନିର୍ଦ୍ଦିଷ୍ଟ ଓ ସୁଖମୟ ଭବିଷ୍ୟତଟିକୁ ସେମାନେ
ଗଢ଼ିବା ଆରମ୍ଭ କଲେ, ସାରିଦେଲେ ଦଶ ମିନିଟ୍‌ରେ।
ସାତଦିନ ପରେ ପୁଣି ଆସିବା ପାଇଁ
ଲେଡ଼ି ଡକ୍‌ଟର୍ କହିଲେ, ଉଭାନ୍ ହୋଇଗଲେ।

ମାଡ଼ି ଆସିଲା ବ୍ଲିଚିଙ୍ଗ୍ ପାଉଡ଼ର୍ ଓ ଡେଟଲ୍‌ର ଗନ୍ଧ,
କେଉଁଠି ଖୋଲା ଥିବା ଟ୍ୟାପ୍‌ରୁ ପାଣି ଖସୁଥିବାର ଶବ୍ଦ।
"ଝିଅଟା ସକାଳୁ କିଛି ଖାଇନି" କହି ସ୍ତ୍ରୀ ଲୋକଟି
ଟଳି ଟଳି ଆଗେଇଗଲା ରିକ୍‌ସା ଆଡ଼କୁ।
ଗୋଟାଏ କିମ୍ବଦନ୍ତୀ, ଗୋଟାଏ ଅଦୃଶ୍ୟ ଅନୁଭବର ହଜିଯିବା
ହଜିବା ନୁହେଁ, କ୍ଷତି ନୁହେଁ।
ପୁଣି ଥରେ
ଆଖିମାନେ ଯାଇ ଝୁଲିପଡ଼ିଲେ
ଚିହ୍ନା ପୃଥିବୀର ବେକରେ।

■

ଠିକଣା

ତମ ଚିଠିର ଉତ୍ତର ଲେଖି ସାରିଚି
ପୋଷ୍ଟ କରିନି ଏଯାଏଁ,
ଲଫାପା ଅଠା ଲଗାଇ ବନ୍ଦ୍ କରିସାରିଚି
ଠିକଣା ଲେଖିନାଇଁ ଏଯାଏଁ।

ଖୁବ୍ ଇଚ୍ଛା ହେଉଚି
ଆଉ କାହାରି ଠିକଣା ଲେଖି ପଠାଇଦେବି,
ସେ ମତେ ଚିହ୍ନିବ ନାଇଁ,
ତମକୁ ଚିହ୍ନିବ ନାଇଁ,
ଏପଟ ସେପଟ କରି ଡାକଘରର ମୋହର
ପଢ଼ିବାକୁ ଚେଷ୍ଟା କରିବ;
କୌତୂହଳ, କୌତୁକ ସରିଯିବା ପରେ
ସେ କିନ୍ତୁ ଠିକ୍ ବୁଝିପାରିବ
ଆମ ଅଜ୍ଞତାର
ଆମ ଅପମାନ ଓ ଅଭିଯୋଗର ସାରାଂଶ।

ସେ କେବଳ ଈଶ୍ୱର ନ ହୋଇଥିବା ଦରକାର।

ମୁଁ ଅବଶ୍ୟ ତାଙ୍କର ଠିକଣା ଜାଣେ ନାଇଁ।

ଫଟୋଗ୍ରାଫ୍

ଅଚିହ୍ନା ଲୋକଙ୍କର ଫଟୋଗ୍ରାଫ୍
ଗଛ ଛାଇରେ ।
କୌତୂହଳର ଆଙ୍ଗୁଠି
ଉଠାଇଆଣି ଟେକି ଧରେ
ଆଖିର ଦର୍ପଣ ଆଗରେ ।

ଲୁଚି ଲୁଚି ଓହ୍ଲାଇଆସେ ସୂର୍ଯ୍ୟ
ପତ୍ର ଗହଳିରୁ
ଦେଖୁଥିବା ଲୋକର
ନିରୁପାୟ କାନ୍ଧ ଉପରକୁ ।

ଆମେ ବର୍ତ୍ତମାନ ପାଞ୍ଚ ଜଣ ।
ତିନି ଜଣଯାକ ଓହ୍ଲାଇ ସାରିଥାନ୍ତି
ଫଟୋଗ୍ରାଫ୍‌ର ପାହାଚରୁ,
ଆମେ ବର୍ତ୍ତମାନ ଗଢ଼ିଦେଇ ପାରିବୁ ଇତିହାସ,
ମନ୍ଦିର, କି ନେତାଙ୍କୁ ହତ୍ୟା କରିବାର ଷଡ଼ଯନ୍ତ୍ର ।

ହୁଏତ ଗୋଟାଇ ପାରିଥାନ୍ତି
କାହା କାନରୁ ଖସିପଡ଼ିଥିବା ଫୁଲ,
ମଲା ପ୍ରଜାପତି ବା ପୋଷ୍ଟ୍ ନ ହୋଇଥିବା ଚିଠି ।
ଜୀବନ ଧସେଇ ପଶେ ନଈବଢ଼ି ପରି,

ବନ୍ଧୁକଧରା ପୁଲିସ୍
ଘେରି ଠିଆ ହୋଇଯାନ୍ତି,
ଦାବି କରନ୍ତି, ଫେରାଅ, ଫେରାଇଦିଅ।

ମୁଖବନ୍ଧ ଭୁଲ୍ ଧାରଣାରେ ଭର୍ତ୍ତି
ପରିଚ୍ଛେଦ ଯୋଜନା ଭୁଲ୍।
ନିଜଛଡ଼ା ବା କୋଉ ଦେବତାଙ୍କୁ ଜାଣ ତମେ ?
ପରିଶେଷରେ ମାରିପକାଅ ନିଜକୁ।
ବାଟ ହୁଡ଼ିଥିବା ଅତିଥି ପରି କଳ୍ପନା
ହାତ ମାରେ ଅନ୍ୟ ସାହିର କବାଟରେ।

ଫଟୋଗ୍ରାଫ୍ ମୁଁ ସୂର୍ଯ୍ୟ ହାତକୁ ବଢ଼ାଇଦିଏ।
ଦର୍ପଣରେ ଉକୁଟି ଉଠେ
ଚୌକିରେ ବସିଥିବା ତିନିଜଣଙ୍କ ମୁହଁ।
ସବୁ ଉଦ୍ଦେଶ୍ୟ ସ୍ଥିର, ସୁଦୂର।
ପୁଣି ଫଟୋଗ୍ରାଫ୍‌ଟା ଗଛ ଛାଇରେ,
ହାତ ବାଜି ଟିକିଏ ଅସନା ଯାହା।

■

ଫାଙ୍କା ପ୍ଲାଟଫର୍ମରେ ଏକା ଏକା

ଫାଙ୍କା ପ୍ଲାଟ୍‌ଫର୍ମରେ ଏକା ଏକା,
ପାଦ ଚାଲିଚି, ଗୋଡ଼ ନାହିଁ,
ହାତ ଝୁଲିଚି, ହାତ ନାହିଁ,
ଆଖି ନାହିଁ, କାନ ନାହିଁ।
ଥୁଣ୍ଟା ଚଳନ୍ତା ଗଛଟେ ବୋଲି ଭାବି ନେଇ
ବାକିତକ ରାତି
ଆଉଜିଗଲା, ଲାଗିଗଲା ମୋ' ବେକରେ।

ତା'ପରେ ଯାଇ ଚେତନା
ଫେରିବ ଫେରିବ ହେଲା,
ଚାକିରି ଛାଡ଼ି ଗାଁକୁ ବାହୁଡୁଥିବା ଲୋକଟି ପରି।

ମୁଁ ସେଇ ଲୋକଟିକି ଜାଣିଚି-
ଯିଏ ଶୋଇଚି ଆଁ କରି
ଅନ୍ଧାର ଆକାଶରୁ ଖଣ୍ଡେ
ଝୁଲି ରହିଚି ଉପରେ,
ଚାଳିଶ୍ ଚୋର ଛାଡ଼ି ପଳାଇଥିବା ଗୁମ୍ଫା ମୁହଁର
ଛିଣ୍ଡା କେର୍‌ପାଲ୍‌ର ପର୍ଦ୍ଦା ପରି;

ତା'ର ଗୋଟାଏ ଗୋଡ଼ ା କଟିଯାଇଚି
କେବେ ନା କେବେ ଟ୍ରେନ୍ ତଳେ ପଡ଼ି।

ଏବେ କୌଣସି ଟ୍ରେନ୍ ଆସିବାର ନାହିଁ, ଯିବାର ନାହିଁ।
ଚୋରା ସୁନା ରୁପା ହୀରାର ଥଳିଟାକୁ
ଲୁଚାଇ ରଖିବାର ଜାଗା କୋଉଠି ନାହିଁ।

■

ଫଳାହାର

ଏକୁଟିଆ କୌଣସି ଭୁଲ୍ କାମ
କରି ହୁଏ ନାହିଁ, ସେ କରି ନଥିଲା।
ଥରେ ଅଧେ ଯା' ଖାଲି ଶୋଇବା ଘରକୁ
ପଶି ଆସିଥିବା ବେଙ୍ଗଟିକି ସେ ତଡ଼ି ଦେଇଥିଲା।
ଅନୁପସ୍ଥିତ ପଡ଼ୋଶୀର ନାଁରେ ଆସିଥିବା
ଚିଠିଟିକୁ ଯା' ପଢ଼ି ଦେଇଥିଲା।
ବେଶୀ ଦିନ ବି ଏକୁଟିଆ ରହି ହୁଏ ନାହିଁ,
ସେ ରହିପାରି ନଥିଲା।

ଦିନେ ତା'ର ସ୍ମୃତି ଭିତରେ
ହଟ୍ଟଗୋଳ ଲାଗିଗଲା,
ଫଳବାଲାର ଡାଲାରୁ ସବୁଠୁ ଡଉଲଡାଉଲ
ଫଳଟିକୁ ଉଠାଇନେଇ ସେ ଦୌଡ଼ିଲା,
କାହ୍ନୁ ପରି ଲୋକେ ତାକୁ ଘେରିଯିବାର ଦେଖି
ସେ କାମୁଡ଼ି ପକାଇଲା ଫଳଟିକୁ, ହସିଦେଲା,
ସେପରି ନିରର୍ଥକ ହସ ସେ
ଆଉ କେବେ ହସିପାରିନି ଏଯାଏଁ।

ଦିନ ଗଲା; ଦିନ ପରି ଉଜ୍ଜ୍ୱଳ ରାତି ଗଲା।
ଆସ୍ତେ ଆସ୍ତେ ଓହରିଗଲେ ଲୋକେ।
ଚଳନ୍ତା ଟ୍ୟାକ୍ସି ଭିତରୁ କେହି ଜଣେ

ତା’ ନାଁ ଧରି ଡାକିଦେଇ ତାକୁ
ଚତୁର୍ଭୁଜ କରି ଦେଇଗଲା।
ଦୁହିଁଙ୍କର ଭେଟ ହେଲା ଗୋଟାଏ ପରିତ୍ୟକ୍ତ ପାର୍କରେ,
ଆତ୍ମା ପରି ଘଞ୍ଚ ନିରନ୍ଧ୍ର ଅନ୍ଧାରରେ,
ଆଲୁଅରେ ଲାଜମାଡ଼ିବ ବୋଲି।

ରାସ୍ତା ଉପରୁ ଉଠାଇ ଆଣିଥିବା ସୁଖତକ
ସେ ଦୁହେଁ ଦୁଇଭାଗ କଲେ।
ଫୁଲ ଝଡ଼ି ପଡ଼ିବା, ରକ୍ତ ବୋହିଯିବା ଭଳି
ଅସ୍ପଷ୍ଟ ଶବ୍ଦ କେତେଟା ଯଥେଷ୍ଟ ହେଲା,
ଭାଷା ଅପସରି ଗଲା ରେଲ୍ ଲାଇନ୍ ସେପାଖ ସହରକୁ।
ମାଟି ଗୋଡ଼ିର କବାଟରେ ସେ ଦୁହେଁ ହାତ ମାରିଲେ,
କବାଟ ବନ୍ଦ୍ ରହିଲା ପାଟି ପରି
ଢୋକ ଢୋକ ପବନ ଗିଳୁଥିଲା ବେଳେ।

ବର୍ତ୍ତମାନ ସେ ପୁଣି ଏକୁଟିଆ।

ବାହାରେ ଗଛ ମୂଳରେ ଅନେକ ଲୋକ ବସି
ପରୀକ୍ଷା କରି ଦେଖୁଚନ୍ତି ତା’ କଟା ହାତକୁ
ଆଖିରେ ଆଖିରେ ସେ ଗଣିନେଉଚି ଦଶଟା ଆଙ୍ଗୁଠିକି,
କି ଉଜ୍ଜ୍ୱଳ ସେଗୁଡ଼ିକ, ଗୋଟିଏ ଗୋଟିଏ ଦିନ ପରି !
ବେଶ୍ ସମୟ ଅଛି ଜାଣି ନେବାକୁ
କେଉଁ ପାଦଶବ୍ଦ ଆଣୁଚି ତା’ କପ୍,
କେଉଁ ଶବ୍ଦ ବା ଫାଶୀଖୁଣ୍ଟକୁ ଯିବାର ପରୱାନା।

ବର୍ତ୍ତମାନ ସେ ଗାଧୋଇ ସାରି
କଳା ପୋଷାକ ଓ ମୁଖା ପିନ୍ଧି ସାରିଲାଣି;
ଅନ୍ୟ ଜଣକ ଆସି ପହଞ୍ଚିଯିବ ଏଥର।

ଗୋଟାଏ ସଲାମ୍‌ରେ ସନ୍ତୁଷ୍ଟ ହୋଇଯିବ ପବନ,
ଉଡ଼ିଯିବ ଶୂନ୍ୟକୁ, ବନ୍ଦ କବାଟ ଯେମିତି
ଦୁଇ ଫାଳ ହୋଇ ଭାଙ୍ଗିଯିବ ପାଦତଳେ।
ସେ ଠିକ୍ ଉଠିଯିବ ଗଛ ଉପରକୁ,
ଫଳଟିକୁ ଅବଶ୍ୟ ଫେରାଇ ଦେଇ ହେବ ନାହିଁ।

ଶବ ସତ୍କାର

କେହି କେହି ଆପଣଙ୍କୁ ଦୋଷ ଦେଲେ
ସ୍ୱାସ୍ଥ୍ୟର ଯତ୍ନ ନେଲେ ନାହିଁ ବୋଲି,
ଅସୁସ୍ଥତାରେ କଠୋର ପରିଶ୍ରମ କଲେ,
ଠିକ୍ ବେଳରେ ହସ୍‌ପିଟାଲ୍ ଗଲେ ନାହିଁ ବୋଲି।
କେହି କେହି ଆପଣଙ୍କୁ ପ୍ରଶଂସା କଲେ,
ଆପଣଙ୍କ କୃତିତ୍ୱ ବୟାନ କଲେ,
ଆଉ କେହି କେହି ଚୁପ୍ ଚାପ୍ ଠିଆ ହେଲେ
ସିଗାରେଟ୍ ଟାଣି ଟାଣି।

ଦୂରରେ, ଘର ଭିତରେ
ଆପଣଙ୍କ ଶବ ପଡ଼ିଥିଲା
ଫୁଲ ଘେରରେ,
ନିସ୍ପନ୍ଦ, ନିରାପଦ
ଯେ କୌଣସି ପ୍ରକାର ବର୍ଣ୍ଣନାରୁ।
ପରିବାରର ଲୋକେ
ମୁଣ୍ଡ ବାଡ଼େଇ କାନ୍ଦୁଥିଲେ,
ଧୂପ କାଠିର ଧୂଆଁ ଇତସ୍ତତଃ ହେଉଥିଲା ପବନରେ।

ଆମେ ସମସ୍ତେ ଚେଷ୍ଟା କଲୁ
ନିଜ ନିଜର ଅଧିକାରକୁ ଆପଣଙ୍କୁ ନେଇଯିବା ପାଇଁ,
ଆମ ପାଦରେ ଯେହେତୁ ଗତି ଥିଲା, ଶବ୍ଦ ଥିଲା ମୁହଁରେ।
ଯାହା କିଛି ନିର୍ବାକ୍ ଓ ନିସ୍ପନ୍ଦ କାହିଁକି
ଆମ ଲୋଭକୁ ଏମିତି ଉଗ୍ର କରେ?

■

ଅହଲ୍ୟା

ସେ ଅନୁଭବ
ନା ନିଜସ୍ୱ ଲାଳସାର
ନା ଅନ୍ୟର ବଳାତ୍କାରର।

ତାଙ୍କ ଚିହ୍ନା ମୁହଁ ଦିଶୁଥିଲା
ସବୁବେଳେ ଯେମିତି ଦିଶେ,
ଗମ୍ଭୀର, ଉଜ୍ଜ୍ୱଳ।

ମୁଁ ଖାଲି ପଚାରିଥିଲି, ମନେଅଛି,
ଏତେ ଶୀଘ୍ର ଆପଣ ଫେରିଆସିଲେ?
କିଛି ଗୋଟାଏ ଉତ୍ତର ସେ ଦେଇ ଦେଇ
ହାତ ଗୋଡ଼ ଧୋଇଲେ,
ମୋ ହାତ ଧରି ନେଇଗଲେ କୁଶଶଯ୍ୟାକୁ
ସନ୍ତର୍ପଣରେ,
ହୋମାଗ୍ନି ସଜାଇଥାନ୍ତି ଯେମିତି
ଅବିଚଳ କଠୋର ଶାନ୍ତିରେ।

ଆଖି ବୁଜି ହୋଇ ଆସିଲା,
ପଦ୍ମଫୁଲ ବୁଜି ହୋଇଯାଏ ଯେମିତି
ସୂର୍ଯ୍ୟଙ୍କୁ ଘୋଡ଼ାଇ ଦେଇ, ସୂର୍ଯ୍ୟଙ୍କ ସ୍ମୃତିକୁ;
ମୁଁ ଖଣ୍ଡେ ବିଜୁଳି ଭଳି ଚମକିବାରେ ଲାଗିଲି।

ଚହଲା ପାଣି ସ୍ଥିର ହୋଇଯିବା ଆଗରୁ;
ମୁଁ ମୋର ପ୍ରତିବିମ୍ବରେ ମିଳାଇଯିବା ଆଗରୁ,
ସେ ମୋର ନାଁ ଧରି ଡାକିଲେ
ଆଶ୍ରମ ବାହାରେ
ମାଳତୀ ଲତାର ମୂଳ ଶୁଖିଲା ଦେଖି
ସାମାନ୍ୟ ତିରସ୍କାର କଲେ।

ମୁଁ କିଛି ବୁଝିପାରିଲି ନାହିଁ,
ବୁଝି ପାରିଲି ନାହିଁ କୋଉ ପାଦଶବ୍ଦ
କୋଉ ସ୍ୱର ସତ୍ୟର।

ମୁଁ ଚୁପ୍ ହୋଇ ଠିଆହେଲି।
ମୋ' ସ୍ୱର କୁଶଖଣ୍ଡିଏ ପରି ମିଳାଇଗଲା
ତାଙ୍କର ପ୍ରଜ୍ୱଳିତ ଅଭିଶାପରେ।

ସେ ନିଆଁ କ'ଣ ମୋ ଅଜ୍ଞତାର
ଚିରାଚରିତ ପୁରସ୍କାର ?
ଦକ୍ଷିଣ କ'ଣ ଦକ୍ଷିଣ, ଉତ୍ତର ଉତ୍ତର
ବର୍ଷଣୋନ୍ମୁଖ ମେଘର,
ଅପେକ୍ଷାରତ ପଥର ଖଣ୍ଡର ?

କିଏ ଜାଣେ କୋଉ ପାଦର ଆଘାତରେ
ପୁଣି ମୁଁ ମଞ୍ଜରି ଉଠିବି
ଅଶୋକତରୁ।
ସେ କିନ୍ତୁ ଆଉ ନଥିବେ,
ଆଶ୍ରମ ଖାଲି ପଡ଼ିଥିବ
ତାଙ୍କ ନିଜସ୍ୱ ସତ୍ୟ ପରି, ଅଭିଶାପ ପରି।

■

ଶକୁନ୍ତଳା

ସେ ମତେ ଚିହ୍ନିଲେ ନାହିଁ, ଚିହ୍ନିପାରିଲେ ନାହିଁ,
ଅସହାୟ ଭଙ୍ଗୀରେ ପଚାରିଲେ ନାଁ ଗାଁ ଠିକଣା ।
ମୋର ଅଭିମାନ କଠିନ ହୋଇ ଆସୁଥାଏ,
ମୁଁ ଯେମିତି ଜିଦ୍ କଲି ଯେ ଫେରିବିନି
ସେ ମତେ ପାଗଲୀ ବୋଲି ଭାବିଲେ କି କ'ଣ
ସଭାସଦଙ୍କୁ ଚାହିଁ ହୋ ହୋ ହୋଇ ହସିଲେ,
ତାପରେ ବୋଧେ ତାଙ୍କର ସଦ୍‌ବୁଦ୍ଧି ହେଲା, କହିଲେ
ସସମ୍ମାନ ମତେ ବିଦା କରିଦେବାପାଇଁ ଖିଆପିଆ ପରେ ।

ଯେତେ ସବୁ ଦୂରତାର ଧାରଣା କରିଥିଲି, ଭୁଲିଗଲି ।
ହରିଣ ଛୁଆଟି ପରି ସେ ହିଁ ଚାହିଁ ରହିଲେ ମୋ ଆଡ଼କୁ,
ସଭାକକ୍ଷ ବାପାଙ୍କ ଆଶ୍ରମ ପରି ଦିଶିଲା,
ପାହାଚରେ ଓହ୍ଲାଉଚି ମନେହେଲା ତାଙ୍କର ସେ ଆଖିଯୋଡ଼ିକ
ଅନସୂୟା ପ୍ରିୟମ୍ବଦା ପରି ମୋର ପାଖେ ପାଖେ ।
ସେ ତାଙ୍କ ତୂଣୀରର ତୀର ଖଣ୍ଡେ, ଧନୁରେ ଯୋଖିସାରି ସେ
ସ୍ଥିର କରିପାରୁ ନାହାନ୍ତି ଲକ୍ଷ୍ୟସ୍ଥଳ ମୃଗ କି ମୟୂର ।

ତେଣୁ ମୁଁ ସେଠି ଅଟକିଗଲି ଅନେକ ଦିନ ଧରି,
ମୋ ନୂପୁର ଶବ୍ଦରେ ଭର୍ତ୍ତିହେଲା ରାଣୀହଂସପୁର,
କ୍ଲାନ୍ତ ଶ୍ରାନ୍ତ ପାରିଧିରୁ ସେ ଫେରୁଥିବେ, ମୁହଁ ଧୋଇବେ ଝରଣାରେ,
ମୁଁ ଗୋଟେ ଝରଣା ପରି ବୋହିଯାଉଥାଏ

ତାଙ୍କ ବିବର୍ଣ୍ଣ ସ୍ମୃତିର ଅନ୍ଧାର ଭିତରେ,
ମୁଁ ତାଙ୍କ ମନଲାଖି ଗୀତ ଗାଉଥିଲି,
କେବେ ବି ଟାଣୁନଥିଲି ଦେଖିବାକୁ
ଟିକିଏ ଚୋରା ସୂର୍ଯ୍ୟାଲୋକର କୋଳରେ ଝୁଲି କେମିତି
ବିନ୍ଦୁଏ ଲୁହ ମୋର ଚକ୍‌ଚକ୍ କରୁଚି ଗୋପନରେ।

ଦିନେ ପାହାନ୍ତି ପହର। ପୋଡ଼ା ସଳିତା ଗନ୍ଧରେ
ବିଭୋର ଶୟନ କକ୍ଷ, ମୁଁ ତାଙ୍କ ଭାରି ନିଦର ବାହୁ ବେଷ୍ଟନୀରୁ
ଖସି ପଳାଇ ଆସିଲି ଚିହ୍ନା ନଈକୂଳକୁ;
କେଉଟକୁ କହିଲି ଡଙ୍ଗା ଫିଟା, ସଜାଡ଼ି ନେ' ଜାଲ,
ମାଛକୁ କହିଲି ଉଠ୍, ବେଳ ହେଲାଣି ଧରାପଡ଼ିବାର।
ମୋ ପେଟର ସାତତାଳ ପାଣିପଙ୍କ ଭିତରେ ଲୁଚିଥିବା
ତାରାଟିକି କହିଲି, ଆ' ଖେଳିବା, ସିଂହକୁ ଡାକି ଆ,
ବହୁ ଦୂରରୁ ଶୁଭିଲା ବାପାଙ୍କ ମନ୍ତ୍ରୋଚ୍ଚାରଣ
ମୋ ତରଳ ଅଭିମାନର ପ୍ରତିଧ୍ୱନି ପରି।

ମୂଳରୁ ହିଁ ମୁଁ ଜାଣିଥିଲି ସେ ଏମିତି ଆସିବେ
ଦାଉ ଦାଉ ଖରାରେ ଜଳି ଜଳି ମୁହଁ ରଙ୍ଗା କରି,
ଝାଳ ବୋହି ଯାଉଥିବ କପାଳରୁ, କାନମୂଳରୁ,
ଆମ ଦୁହିଁଙ୍କର ଦୋଦୋଚିହ୍ନା ଗୋଟିଏ ସତ୍ୟ ଆଗରେ
ଅଟକିଯିବେ ବିସ୍ମୟରେ, ମୁକୁଟ ଓହ୍ଲାଇ ଦେବେ;
ଧନୁ ତୂଣୀର ସମେତ ସମର୍ପି ଦେବେ ନିଜକୁ,
ମୁଁ କହିବି ମୋର କେବଳ ମୁଦିଟି ଦରକାର।

■

ନାଉରିଆ

କେହି କେହି ଟଙ୍କାର ଲୋଭ ଦେଖାଇଲେ,
କିଏ ଧମକାଇଲା, ଛୁରି ବାହାର କଲା ଅଣ୍ଟାରୁ,
କେହି ତା'ର ବିବେକ ନାହିଁ କି ବୋଲି ପଚାରିଲା,
ରାତି ଏତେ ହେଲାଣି
ପିଲାଛୁଆ ଅନାଇଁ ବସିଥିବେ ଘରେ।

ନାଉରିଆ ଡଙ୍ଗା ଫିଟାଇବାକୁ ନାରାଜ।
ଅନ୍ଧାରରେ ତିଆରି ମୂର୍ତ୍ତିଟାଏ ଅନ୍ଧାରରେ ବସିଚି।
ମିଞ୍ଜି ମିଞ୍ଜି ଲଣ୍ଠନ ପୋଷା ହଂସ ପରି ଭାସୁଚି
ଡଙ୍ଗାରେ, ପାଣିରେ।

କେହି ଖୁଣ୍ଟରୁ ଦଉଡ଼ି ଫିଟାଇବାକୁ ଚେଷ୍ଟା କରୁଚି,
କିଏ ଉଠାଇ ଆହୁଲା ଧରିଲାଣି ତ
ଆଉ କିଏ କାତ ଘୋଷାରି ଆଣୁଚି ଡଙ୍ଗାରୁ କୂଳକୁ।
କେହି କିନ୍ତୁ ଡଙ୍ଗାକୁ ପାଦ ବଢ଼ାଇ ପାରୁ ନାହାନ୍ତି
ଅନ୍ଧାର ପାଣି କୁମ୍ଭୀର ମେଘ ପବନ ଭୟରେ।

ଆଉ ବୁହାଏ ଗାଳି ଧମକ ଛାଟି ହୋଇଗଲା
ନାଉରିଆ ମୁହଁରେ,
ତା'ର ଆଖିପତା ବୁଜି ହୋଇ ଆସିଲା।
ଆଗଭଳି ଚୁପ୍‌ଚାପ୍, ନିସ୍ପନ୍ଦ।
ପବନରେ ଟିକିଏ ଉଡ଼ିଗଲା ଗାମୁଛାର କାନି।

ହଠାତ୍ କିଏ କହିଲା ମରିଯାଇନି ତ ବୁଢ଼ା !
ବରଗଛରୁ ଖସିପଡ଼ିଲା ପତ୍ରଟିଏ।
ସେମାନେ ପାଶୋରି ଗଲେ ପିଲାଛୁଆ, ଘରଧନ୍ଦା, ବ୍ୟବସାୟ।
ଅଣ୍ଟାକୁ ବାହୁଡ଼ି ଗଲା ଛୁରି, ପାଟିର ଡଙ୍ଗାକୁ
ଗାଳି ଧମକ ଅନୁନୟ ପୋଷା ହଂସ ପରି।

ସେମାନେ ଅଣ୍ଡାଳି ଗଲେ ଚଉଦିଗ ଅନ୍ଧାରରେ,
କାଠିକୁଟା ଶୁଖିଲା ଡାଳପତ୍ର ଜମାକଲେ,
ଦଶଦିଗପାଳଙ୍କୁ
କାନଫଟା ଶବ୍ଦରେ ଡାକ ଦେଲେ,
ସାକ୍ଷୀ ରଖି ଉଠାଇ ଦେଲେ ବୁଢ଼ାକୁ ନିଆଁ ଉପରକୁ।

ପାଣିପରି ଉଚ୍ଛୁଳିବାରେ ଲାଗିଲା ନିଆଁ।
ସେମାନେ ବସି ରହିଲେ କିଛି ଦୂରରେ।
ଏମିତି କାହିଁକି କଲେ ଭାବିବାରେ ଲାଗିଲେ-
ରାଗରେ, ବିଫଳତାରେ, କର୍ତ୍ତବ୍ୟବୋଧରେ ?
ପାପ କଲେ ନା ପୁଣ୍ୟ କଲେ ?
ବୁଢ଼ାକୁ କିଏ ମାରିଲା ?

ମିଞ୍ଜି ମିଞ୍ଜି ଲଣ୍ଠନକୁ କୋଡ଼ରେ ଜାକି
ଡଙ୍ଗା ଭାସିଗଲା
ଏକା ଏକା
ପାଣି ପବନ ନ ମାନି
ଆର କୂଳ ଆଡ଼େ।

■

ନଈବାଲିରେ ଖରାଦିନିଆଁ ରାସ୍ତା

ନଈବାଲିରେ ଖରାଦିନିଆଁ ରାସ୍ତା।
ପହିଲି ପାଳି ଝିଅ ଯାଇଥିଲା ଟ୍ରେକରରେ
ସାଙ୍ଗରେ ସାନ କକେଇ।
ଦଇବ ବୁଝିଲା ନାଇଁ ଯୁବା ଦେହର ବଢ଼େଇ
ଅଦିନ ନଈବଢ଼ିରେ ପୋଛି ହୋଇଗଲା ଗାଁ,
ମିଶିଗଲା କାହିଁ କୁଆଡ଼େ ଯାଇ ସମୁଦ୍ରରେ।

ଚମ୍ପତି ପୁଅ ଧରା ପଡ଼ିଥିଲା ସେଇଠି
ନର୍ସିଆଣୀର ଇଜ୍ଜତ୍ ନେଇ ପଳାଉଥିଲା ବେଳେ,
ନିର୍ମଳ ଚନ୍ଦ୍ରମଣ୍ଡଳ ବିରାଜିଥିଲା ଆକାଶରେ,
ପଛରୁ ପୁଲିସ୍‌ଙ୍କ ସୁସୁରି ଶୁଭିଲା,
ହାତଗୁଞ୍ଜାରେ ବି ଶୁଣିଲା ନାଇଁ ଦାରୋଗା,
ହାତକଡ଼ି ପକେଇ ଝିଙ୍କି ନେଲା।

ବାର ତେର ବର୍ଷର ଟୋକା ତା' ବୁଦ୍ଧି ଦେଖ,
ଦିନ ଏଗାରଟା ହେବ,
କୂଳକୁ ଧାଇଁଆସି ହୁରି ପକେଇଲା-
ଧାଇଁ ଆସ ଧାଇଁ ଆସ
ଭିକାରୁଣୀ ବାୟାଣୀ ଛୁଆ ଜନ୍ମ କରିଦେଇ ଘୁଷୁରୁଚି
ଚୁଆ ଆଡ଼କୁ। ଛୁଆଟାର ଆଖି ଫିଟିନି ଏଯାଏଁ,
ବାଲି ତାତି ଗଲାଣି, ଶିଝିଯିବ, ଧାଇଁଆସ।

ନିଶୁଆ ଗୋବର୍ଦ୍ଧନ ମା' ପିଲାଙ୍କୁ ଉଠାଇ ଟେକିନେଲା
ଆମ୍ବତୋଟା ଭିତର ଡାକ୍ତରଙ୍କ କ୍ୱାଟର୍‌କୁ।

ନଈବାଲିରେ ଖରାଦିନିଆଁ ରାସ୍ତା
ଏମାନଙ୍କ ପାଇଁ। ତମେ ଯିଏ
ନଈ ଆରକୂଳରେ ଘର କରି ରହିଚ,
ମୁଁ ଯଦି ତମକୁ କେବେ ଡାକେ ତମେ କ'ଣ
ସେଇ ରସ୍ତାରେ ଆସିବ ?
ଲିପାପୋଛା ହୋଇ ନଥିବ ଦାଣ୍ଡ ମୋର,
ସଜାସଜି ହୋଇ ନଥିବ ଘର ଦ୍ୱାର,
ପୂର୍ଣ୍ଣକୁମ୍ଭ ବସି ନଥିବ,
ତେବେ ବି ତମେ କ'ଣ ସେଇ ରାସ୍ତାରେ ଆସିବ ?

ମୋର ତ
ଏମିତି ସେମିତି ବେଳ ନୁହଁ କେତେବେଳେ,
ଟ୍ରେକର୍‌ରେ ଛାଡ଼ି ଆସୁଚି ଚପଲ କେବେ ତ
କେବେ ଇନ୍ଦ୍ରିରେ କଞ୍ଚା ରକ୍ତ ଲାଗିଚି,
ହଂସା ଉଡ଼ିଯାଉଚି ଶୋଷରେ।
ତମେ ପଛକେ ଆଉ କିଏ ହୋଇ ଆସ,
ଡାକିବା କଥା ଡାକୁଥିବି,
ନଈବାଲିରେ ଖରାଦିନିଆଁ ରାସ୍ତା ପରି ପଡ଼ି ରହିଥିବି।
ତମର ଇଚ୍ଛା ଯେତେ
ସେତେ କାଳ।

■

ସ୍ମରଣ ବିସ୍ମରଣ

ମୁଁ ଜାଣିଥିଲି ତମକୁ ଭୁଲିଯିବି ଏମିତି ।
ଏଇ ସମୟ ଆସିଯିବ ଅକସ୍ମାତ୍,
ହାଡ଼, ମାଂସ, ରକ୍ତ ଭିତରେ
ଆଉ ଗୋଟାଏ ଦେଶ ଚେଇଁ ଉଠିବ,
ମୋର ପ୍ରିୟତମ ପାପଗୁଡ଼ିକ
ଗୋଟିଏ ପରେ ଗୋଟିଏ ଖସିପଡ଼ିବେ
ବିଦ୍ରୋହୀଙ୍କ ଗୁଳିରେ ।

ସେ ସବୁ ଦୂରତା ତମେ ଗଢ଼ିଥିଲ
ଅନାୟାସରେ । କବାଟ ଫାଙ୍କରୁ ମୋର
ଲସର ପସର ହୋଇ ଆସୁଥିବା ଦେଖୁଥିବା ବେଳେ ।
ଏବେ ବଣ, ସମୁଦ୍ର, ନିର୍ଜନ ଭଙ୍ଗାରୁଜା ଘର
ଅନ୍ୟ ଅନେକ ଲାଳସାର ସୀମା ।
ତମେ କ୍ଷମା ନ କରିପାର, ନକର,
ତମର ବିସ୍ମରଣ ମୋ ପାଇଁ କଦମ୍ବମୂଳ ଖରାବେଳ ।

ଦୁହେଁ ମିଶି ତ ଅନେକ ଖେଳ ଖେଳିଥିଲେ
କେହି କୁଆଡ଼େ ନଥିଲାବେଳେ,
ତମେ ପଛରୁ ଆସି ଚୁପ୍‌ଚାପ୍ ଚୋର ପରି
ମୋ' ଆଖି ବୁଜିଦେବ,

ଆଖି ଭଲଭାବରେ ଦେଖିପାରିବା ଆଗରୁ
ମୋର ଦୁଇ ହାତରେ ଯୋଡ଼ାଏ ହାତ,
ଯୋଡ଼ାଏ ବସନ୍ତ ଋତୁ-ଗୋଟାଏ ଜନ୍ମବେଳର,
ଅନ୍ୟଟା ତମ ପାଖରେ ହାରିଯିବାର।

କେହି ଜିତିଲେ ନାହିଁ, ଜିତି ପାରିଲେ ନାହିଁ।
ବଣ ଭିତରେ ପଶି ଲୁଚି ଯାଉଥିବା ଛାଇ
ତମେ ନୁହଁ କି ମୁଁ ନୁହେଁ;
ପାଣି ତଳେ, ଫେଣ ତଳେ ପହଁରିଯାଉଥିବା ଆଶ୍ୱାସନା,
ଭଙ୍ଗାଘର ଭିତରେ ଗଜୁରି ଉଠୁଥିବା ଡାକ
ନା ତମ ପାଇଁ, ନା ମୋ ପାଇଁ।

ମୁଁ ଜାଣିଥିଲି ତମକୁ ଭୁଲିଯିବି ଏମିତି ସନ୍ତର୍ପଣରେ,
ତମକୁ ଥରେ ମନେ ପକାଇବି ଏମିତି
ଘରୁ ବାହାରିଯିବା ଆଗରୁ ଅନ୍ୟ କାମରେ
ଜାମା ବୋତାମ ଲଗାଉଥିବା ବେଳେ,
କେହି ପାଖରେ ନଥିବେ, ଭିଡ଼ି ଧରିବି
ମୋର ସବୁତକ ପାପର ଉଷ୍ଣ ଆଲିଙ୍ଗନରେ।

■

ଜେଜେ

ଏଇ ଭିତରେ କୋଉଦିନ ଚାଲିଯିବ କି ହଠାତ୍
ବାଡ଼ି ଦୁଆର ମେଲା କରି ଖରାବେଳେ
କାହାକୁ କିଛି ନ କହି,
କୟାଁ ଗଛରୁ ଅଜାଡ଼ି ହୋଇ ପଡୁଥିବ ପାଚିଲା ପତ୍ର,
ଖାଁ ଖାଁ ଗୋଡ଼ଉଥିବ ଶୁଖିଲା ନଈ ନାଳ,
ଭଙ୍ଗା ଶଗଡ଼ ଆଣ୍ଠେଇ ପଡ଼ିଥିବା ଖଳା ଦାଢ଼ରେ ?

ତମେ ଏମିତି ଥିର୍ ଥିର୍ ଚାଲୁଚ ଝୁଲି ଝୁଲି
ରଜାଙ୍କ ପାଟହାତୀ ପରି ଗାଁ ଦାଣ୍ଡରେ,
ଡର ଲାଗୁଚି ଦେଖିଲେ,
ତମର କ'ଣ ବେଳ ହେଲାଣି ଉପରଓଳି ଗାଧୁଆ ପାଇଁ,
ଖରା ଛାଇର ମୁକୁଟ ପିନ୍ଧି କୁଆଡ଼େ ବାହାରିଚ କି ?

ତମେ ଏମିତି ନଡ଼ିଆ ବାହୁଙ୍ଗା ପରି ଖସିଯିବନି ତ
କୋଉଦିନ ଖରାବେଳେ ଆମର ଅଲକ୍ଷ୍ୟରେ ?
ଆମ ପାଖରେ ଆମର ଡର ଥାଉ
ଗଲାବର୍ଷର ପଢ଼ାବହି ପରି, ଶୁଖିଲା ନଡ଼ିଆ ପରି
ଆମ ପାଖରେ ଆମର ସନ୍ଦେହ ଥାଉ,
ଶୁଖିଲା ପୋଖରୀ ଥାଉ ମନ୍ଦିର ବେଢ଼ା ବାହାରେ ।

ଆମ ହାସ୍ୟ ପରିହାସର ବଚନିକା ଜାଲରୁ ମୁକୁଳିଗଲେ,
ଥରେ ଗଲେ ତମେ ଆଉ ବାହୁଡ଼ିବନି କେବେ;
ବେସର ବାସ୍ନା ସେମିତି ଚହଟୁଥିବ ଗାଁ ଦାଣ୍ଡରେ
ବଳଦ ବାହୁଡୁଥିବେ ବିଲମାଳରୁ,
ହୁଙ୍କା ବିଦାରି ଭାଲୁ ଖାଇ ଯାଉଥିବେ ଉଇ,
କାହ୍ନୁ ଖୁରାରେ ଡିବିରି କଳା ଜମି ଯାଉଥିବ।

ଅନେକ ଦିନୁଁ ଖସିଗଲଣି, ପଳାଇଲଣି ତମେ,
ପୋଖରୀରେ ଲାଞ୍ଜ ଛାଟି ଶେଉଳ ପହଁରୁଚି
ଅନ୍ଧାର ଘୋଟି ଆସୁଚି ପର୍ବତରୁ,
କହି ଦେଉନ କୁଆଡ଼େ ବାହାରିଥିଲ ସେଦିନ ଖରାବେଳେ
ଧର୍ମ କଲ ନା ପାପ କଲ, ନା ଖାଲି
ବାକି ପଡ଼ିଥିବା ବେଳତକ ପୁହାଡ଼ି ଦେଲ ପୋଖରୀ ପାହାଚରେ ?

■

ସୋମନାଥ

(ଏକ)
ତୁନି ହୋଇଯା', ତୁନି ହୋଇ ଯା', ସୋମନାଥ, ଲାଜ କଥା
ଏତେ ଲୋକରେ, ଏତେ ଦୂର ବିଛାଡ଼ି ପଡ଼ିଥିବା ଆଲୁଅରେ
ତୋର ଏମିତି ପାଟି କରିବା ବଡ଼ ଲାଜ କଥା, ତୁନି ହୋଇଯା'।

କିଏ କହିଲା ତୋର ସୀମା ତୁ ଦେଖି ସାରିଲୁଣି,
ଏଇ ପର୍ବତ ପରେ ବି ଆଉ ଗୋଟାଏ ପର୍ବତ, ପୁଣି ଆଉ ଗୋଟାଏ...
ଆହୁରି ଅନେକ ଶବ୍ଦ ଅଛି ନଈର, ଅନେକ ଭଙ୍ଗୀ ଅଛି।

ଆମ ଆଗରୁ ଅନେକେ ଯାଇଚନ୍ତି, ସମସ୍ତେ ଫେରିବେ
କାଲି ସକାଳୁ ନିଜ ନିଜର ଘର ଓ ସ୍ତ୍ରୀ ପିଲାଙ୍କ ପାଖକୁ।
ଯାହା ପାରୁଛୁ ଛୁଇଁ ଯା', ଆଶା କରନା ସୁନା ପାଲଟିଯିବ।

ବୁଝୁଚି ତୋର ଆକାଂକ୍ଷିତ ଠିକଣାରୁ ଚିଠିଟି ଆସିଚି,
ଏଇ ଲଫାପା ଚିରିବା ଆରମ୍ଭ କଲୁ ମାତ୍ର, ଅଟକିଗଲୁ,
କେମିତି ବା ଜାଣିଲୁ ଭିତରେ କ'ଣ ଅଚି, କ'ଣ ଲେଖା ହୋଇଚି ?

ପକ୍ଷୀ ଉଡ଼ି ଯାଉଚି ନଈର ଏପାରି ସେପାରି,
ଅଣ୍ଟ ଘଷୁଚି ଗଛ ଡାଳରେ, ଝାମ୍ପ ମାରୁଚି ପାଣିକି।
ଖୁବ୍ କମ୍ ଭଙ୍ଗୀରେ ସବା ଶେଷ ଗୀତଟି ଗାଇହୁଏ, ସବୁଥିରେ ନୁହେଁ।
ଖୁବ୍ କମ୍ ଶବ୍ଦର ସେ ଯୋଗ୍ୟତା ଥାଏ, ଯେଉଁଥିରେ
ତୁ ତୋର ଅସ୍ଥି ଗଣ୍ଡାକୁ ଲେଖିଦେଇ ପଳାଇ ଯାଇପାରୁ
ମାଟି, ପାଣି, ପବନ, ଆକାଶ ଓ ନିଆଁର ନାଆଁରେ।

(ଦୁଇ)
କିଆ ବାଡ଼ରୁ ଡେଇଁ ଡେଇଁ ନେଉଳ ପହଞ୍ଚିଗଲା ତାରାରେ,
ଔଷଧ ଶିଶିରେ ସଞ୍ଚି ହୋଇଗଲା ବର୍ଷାକାଳର ନଦୀ।
ଆତଙ୍କିତ ସୋମନାଥ, ଘଣ୍ଟି ବାଡ଼େଇ ବାଡ଼େଇ
ନ ହେବା କଥା ହୁଅ ନାଇଁ, ନକଲା କାମ କର ନାଇଁ କହିଲା
ଶାସନ ଦାଣ୍ଡ ବୁଲି ବୁଲି ସକାଳେ, ଦି'ପହରେ, ସଞ୍ଜରେ।

ଭେଣ୍ଡିକିଆରୀ ଖୋସିବା, ନଡ଼ିଆ ବାହୁଙ୍ଗୀରେ ପଟି ବୁଣିବା,
ବାଣୀ ଦଉଡ଼ି ବଳିବା, ଶାଳଗ୍ରାମକୁ ଗାଧୋଇଦେବା କଲା କାମ ତ ?
ସୋମନାଥର ଉତ୍ତର ନାଇଁ, ଟିକିଏ ଭାବି କହିବ କହିଦେଇ
ସେ ପଳାଇଥିଲା ଜୋର ଆଡ଼େ, ପାଶୋରି ଯାଇଥିଲା ପ୍ରଶ୍ନ
ଚବ ଚବ ବିଲପନ୍ତାର ପଙ୍କୁଆ ପାଣିଗନ୍ଧରେ ବିଭୋର ହୋଇ।

ପ୍ରଜାପତିଏ ଘୋଷାରି ନେଲେ ମେଘଖଣ୍ଡ, କେନ୍ଦୁ ଗଛରେ
ଟୁପ୍ ଟାପ୍ ଫୁଟିଲେ, ଢଇଁଫୁଲ, ଶୂନ୍ୟରେ ଉଡ଼ିଗଲେ ଗେଣ୍ଡା।
ସୋମନାଥ ବୁଝିଲା ତା' ଅସହାୟତା, ବୁଝିପାରିଲା ଯେ
ସ୍କୁଲଘର ରିହର୍ସାଲ୍‌ରେ କେବଳ ସେ ଖଣ୍ଡା ବୁଲାଇ ପାରେ,
ରାବଣର ମୁଣ୍ଡ ଖସାଇ ପାରେ ଗୋଟି ଗୋଟି, ଦୁର୍ଯ୍ୟୋଧନର ରକ୍ତ ପିଇପାରେ।

ସେଦିନଠୁଁ ସୋମନାଥ ସହିଲାଣି ଅନେକ କଷଣ, ଅନେକ ବାଙ୍କ ବୁଲିଲାଣି।
ହତଭମ୍ବ ହେବା ବା ବିଭୋର ହେବା ଏକା କଥା ବୁଝିଲାଣି,
ନିଜ ନିଜର ଜାଗା ବଦଳାଇ ଦେଇ ଯୋଡ଼ାଏ ପୃଥିବୀ
କେବେ କି ରୂପ ଧରୁଚନ୍ତି, କ'ଣ ଯେ ହେଉଚନ୍ତି !
ଜଲ୍‌ଦି ଜଲ୍‌ଦି ଲୁଗା ପିନ୍ଧି ସେ ହସି ହସି ବାହାରିଯାଉଚି ଘରୁ
ଆଉ କି ଅପରୂପ ଶୋଭା ହୁଏତ ଝଲସୁଥିବ ପର୍ବତରେ !

(ତିନି)
ସୋମନାଥ ସେଦିନ ଯେଗାଘରର ମାଲ ପରି
ବାହାସ୍ଫୋଟ ମାରି ମାରି ଆସି ପହଞ୍ଚିଲା ସନ୍ଧ୍ୟାବେଳ ଛକରେ,
ଚିକ୍‌କଣ କରି କୁଣ୍ଡା ହୋଇଚି ବାଳ, ପାଉଡ଼ର ମୁହଁରେ,
ଚଡ଼ି ପିନ୍ଧା ସୋମନାଥ ଆସିଲା, ବେକରେ ମଲ୍ଲୀମାଳ,
ଚାଲ୍, ଚାଲ୍, ଚାଲ୍ ସମସ୍ତେ ଆଜି ଖୁଏଇବି (କ'ଣ କି ରେ?)
ପଞ୍ଜାବୀ ହୋଟୋଲ୍‌ରେ, ଆଜି ଗଡ଼ଜିଣିକି ଆସିଚି।

ଖୁବ୍ ଗୋପନୀୟ ନାଁ ଗାଁ ଚରିତ୍ର ସେ ଗଡ଼ର,
କହିବି ନାଇଁ ସେ ସେଠି ସାଇକେଲ୍ ସିଟ୍ ଉପରେ କହୁଣି ରଖି,
ସମେସ୍ତ ପ୍ରତିଶ୍ରୁତି ଦେବେ ତ ପୁଲିସ୍ ଜାଣିବ ନାଇଁ,
ଇନ୍ଦ୍ରଚନ୍ଦ୍ର କେହି ଜାଣିବେ ନାଇଁ ସେ କ'ଣ ପାଇଯାଇଚି ଅଚାନକ?
ସାଙ୍ଗମାନେ ସୋମାନାଥର ସର୍ତ୍ତ ମାନିନେଲେ, ହସି ହସି ଯେଝା ବାଟରେ
ଚେନାଚୁର୍ ବାଲାର ଘଣ୍ଟିଶବ୍ଦ ହଜିଯାଉଥାଏ ଗଳିମୋଡ଼ରେ।

କହ କହରେ ସୋମନାଥ, କହ ସୋମ, କହ, କହିଦେ' ନାଥ-
କ'ଣ କହିବ? କ'ଣ ତା'ର ହୋଇଚି? କ'ଣ ସେ ପାଇଚି?
ସୋମନାଥକୁ ଲାଗିଲା ବେକ ଉପରକୁ ତା'ର ଫାଙ୍କା, ଖାଲି
ଯୋଡ଼େ ଆଖି ଜଳ ଜଳ ଚାହିଁଚି, ଯୋଡ଼େ କାନ ଝୁଲୁଚି ଶୂନ୍ୟରେ,
ପବନ ପିଠି ସାଉଁଳାଉଚି, ଥଣ୍ଡା ଘୋଟିଆସୁଚି ନାହିମୁଣ୍ଡାରେ,
ପାଚେରି ଉପର ଡାଳ ହଲିବାରେ ଲାଗିଚି, ଆଲୁଅ ଜଳୁଚି।

ସୋମନାଥ କହୁଚି ମୋ ପାଇଁ ତମେ ସବୁ ଗୋଟାଏ ସ୍ୱପ୍ନ ଦେଖନ୍ତନି-
ରାତି ଗାଡ଼ିରେ କେହି ଜଣେ ଆସନ୍ତା ମୋ' ଛାଇନିଦକୁ,
କବାଟ ବାଡ଼ାନ୍ତା, ଝଣ ଝଣ କରନ୍ତା ଜଞ୍ଜିର, ମୁଁ ଜାଣିଶୁଣି
ଡେରି କରନ୍ତି କବାଟ ଖୋଲିବାକୁ, ଖୋଲିସାରି କହନ୍ତି
ଆପଣ...! ଓହୋ, ସୋମନାଥବାବୁ! ଆର ସାଇକୁ ଯା'ନ୍ତୁ-
ଏଇ ସ୍ୱପ୍ନ ପରେ ତ ଆଉ ଗୋଟାଏ ସ୍ୱପ୍ନ ଥିବ, ସେଇ ସ୍ୱପ୍ନ।

ଆଉ ସେତେବେଳକୁ କେହି ନଥିଲେ ଆଖପାଖରେ,
ସହରର ଗଳିକନ୍ଦି, ରାଜପଥ, ଇତିହାସର ଶିରା ଧମନୀରେ
ସାଇକେଲମାନ ଛୁଟିଥିଲେ ତୀବ୍ର ବେଗରେ, ଈର୍ଷାରେ, ଅନୁକମ୍ପାରେ।

(ଚାରି)
ସେଦିନ ଇତିହାସ, ଅଶୋକ, ଖାରବେଳ, ଆଲ୍ଲାଉଦ୍ଦିନ୍ ଖିଲ୍‌ଜି,
ଅବିବାହିତ ଶିକ୍ଷକଙ୍କ ପିଠି ଆଉଁଶା, ଧର୍ମଶାଳା ପିଣ୍ଡାରେ
ସମୁଦ୍ର ପାଣିରୁ ଛଣା ପର୍ଣ୍ଣିମା ଯାତ୍ରୀର ଶବ, ଦିଲ୍ଲୀ ଓ ଦୌଲତାବାଦ୍
ଧୈର୍ଯ୍ୟ ଧରି ଅପେକ୍ଷା କରିଥାନ୍ତି ସୋମନାଥକୁ। ସୋମନାଥ

ଡାହାଣପଟ ରୁମ୍‌ରୁ ବାହାରିବ ଟାଇପିନ୍ଧା ଇଣ୍ଟରଭ୍ୟୁ ସରିଲେ,
ମିଠେଇ ପରି ବାଣ୍ଟିଦେବ ଅଧିକ ଅର୍ଥ, ସମ୍ଭାବନା, ଗୁରୁତ୍ୱ,
ଖପ୍ କରି ଯାଇ ବସିଯିବ ହୁଏତ ଅପେକ୍ଷାରତ, ରତ୍ନଖଚିତ ଗାଡ଼ିରେ।

ଉର୍ଦ୍ଦିପିନ୍ଧା ଚପରାସି ଯେମିତି କବାଟ ଖୋଲିଚି, ବାଟ ଦେଖେଇଚି,
ଗଛକଟା ହେଲା ପରି ଲୋଟି ପଡ଼ିଲା ସୋମନାଥ ବାରନ୍ଦାରେ ସମସ୍ତଙ୍କ ସାମ୍ନାରେ,
ରଙ୍ଗରଙ୍ଗିଆ ପକ୍ଷୀପରରେ କାନ କୁଣ୍ଡେଇ କୁଣ୍ଡେଇ ଉଠିଆସିଲା ସମୟ
ଟାଣି ବାହାର କଲା ସୋମନାଥର ଦେହ ମୁହଁରୁ ଏଠୁ ଛୁରି, ସେଠୁ ଛୁରି, ତୀର।

ଯେଉଁ ଜାଗାରେ ରହିବେ ତଥ୍ୟ, ଘଟଣା, ହିଂସା ଓ ହୁଏନ୍ ସାଁ,
ଫ୍ଲାଟ୍ ଘରର ବାସିନ୍ଦା ପରି ଯେଉଁ କାମରେ ଲାଗିଥିବେ, ଜାଲ ବୁଣୁଥିବେ,
ତୁ କିଏ ସୋମନାଥ, ଯୋଡ଼ିଦେବୁ ବାଇଗଣ ସାଙ୍ଗେ ବେହେଲାକୁ?
ଉଠ୍, ଉଠ୍, ଉଠିପଡ଼, ଗାଡ଼ିଘୋଡ଼ା ନହେଲା ନାଇଁ। ତେବେ କ'ଣ

ଏଠି ଏମିତି ପଡ଼ିଥିବୁ? ପଡ଼ି ପଡ଼ି ଦିନେ ତ ହାଲ୍‌କା ହୋଇଯିବୁ,
ଦମକାଏ ପବନ ଆଡ଼େଇ ନେବ, ଖସାଇଦେବ ପୃଷ୍ଠାତଳକୁ ଇତିହାସର,
ତୋର ମନେପଡ଼ିବ ନାଇଁ କ'ଣ କହିଲେ ଦ୍ୱାର ଖୋଲିବ ଗୁମ୍ଫାର।

■

ପଥର

ପଥରରୁ ପଥର, ନଈପାଣିରୁ ପଥର,
ଲଟାକୁଞ୍ଜ ଆଢୁଆଳରୁ ପଥର ଆଡ଼କୁ ଯାତ୍ରା ନିରବଧି।
ଯେଉଁ ଭାଷା ମୁଁ ଶିଖି ସାରିଚି, ଯାହା ଏଯାଏଁ ଶିଖିନାଇଁ
ସବୁରି ଭିତରେ ଶୁଭେ ପଥର କଟା ହେବାର ଶବ୍ଦ।
ପଥର ଅପ୍‌ସରାର ମୁହଁରେ ସ୍ମିତହାସ ଫୁଟାଉ ଫୁଟାଉ
ଘୋଟି ନ ଆସେ ଯେମିତି ନିର୍ଲଜ୍ଜ ବିଳୟର ଅନ୍ଧକାର।

ଖାଲି ପାଦରେ ପଥର ପାହାଚରେ ଓହ୍ଲାଇ ମୁଁ ତଳକୁ ଯାଏ,
ସନ୍ତର୍ପଣରେ ଛୁଏଁ ନଈର ସରଳ ଦେହ,
ସେ ପାଖରେ ଘଞ୍ଚ ଜଙ୍ଗଲ ଭିତରେ ବୁଲୁଥିବା
ପ୍ରହେଳିକା ଗୁଡ଼ାକ ମୋର ନିଜର ଅବା !
ଅନେକଦିନୁଁ ବୁଝା ସରିଚି ସେମାନଙ୍କ ଗତିବିଧି ସ୍ୱଭାବ।
ଆସ୍ତେ ଆସ୍ତେ ମୁଁ ପାଣି ଭିତରେ ପଶେ
ଶିଉଳିଲଗା ପଥର ଖଣ୍ଡେ ଗୋଟାଏ
ବଢ଼ାଇଦିଏ ପ୍ରିୟଜନର ହାତକୁ।

ଅନେକଦିନୁଁ ସେମାନେ ଗଲେଣି
ସୁଦୂର ପର୍ବତକୁ, ପଥର ଆଣିବାକୁ, ମନ୍ଦିର ଗଢ଼ିବାକୁ।
ସେମାନେ ବୋଧେ ଆଉ ମନେ ପକାଇ ପାରୁ ନାହାନ୍ତି
ମୋ' ପାଖକୁ ବାହୁଡ଼ି ଆସିବାର ବାଟ।
ମନ୍ଦିରରେ ବା ମୋର କି ପ୍ରୟୋଜନ !
ସେମାନେ ହେଲେ ଫେରି ଆସନ୍ତେ, ଶିଖାଇ ଦିଅନ୍ତେ ମତେ
ପାଣିରେ ଘୋଷାରୁଥିବା ଅଦୃଶ୍ୟ ଅତିକାୟ ଜନ୍ତୁର
ଲାଙ୍ଗୁଳ ଧରିନେବାର କୌଶଳ।

■

ନଈ

ଝରକା ଭିତରୁ ନଈ ସ୍ପଷ୍ଟ ଦିଶେ,
ଅଖି ମାରେ, ହାତ ହଲାଇ ଡାକେ,
ମୋ ଭିତରେ କେଉଁଠି ପଛକୁ ବୁଲିପଡ଼େ ଭୟ
ଅଚିହ୍ନା ବାଙ୍କ, ଗଣ୍ଡର
ଚିହ୍ନା ନଈର।

ଛଟପଟ ଆଙ୍ଗୁଠି ଛୁଇଁଦେବାକୁ,
ବୁଡ଼ିଯିବାକୁ ପାଣିରେ।
କେଉଁ ଗଳିମୋଡ଼ରେ ପୁଣି ଝାଡ଼ିଝୁଡ଼ି ହୋଇ
ଠିଆ ହୋଇଯିବ ଗଣିକା।
ନଈ ତ ଖାଲି ମୋର ନୁହେଁ।

ଅନେକ ବେଳ ଧରି ମୁଁ ବୁଲେ,
ଦେଖା ହୋଇଯାଏ ସେଇସବୁ କବିଙ୍କ ସାଙ୍ଗରେ,
ଯେଉଁମାନେ ଶତମୁଖ ହୋଇଥିଲେ
ନଈର ପ୍ରଶଂସାରେ,
ଗଲା ରାତିର ଜହ୍ନ ଆଲୁଅରେ।

ନଈ କିନ୍ତୁ କେଉଁଠି ଲୁଚିଯାଏ।
ବାଟ ହୁଡ଼ି ହୁଡ଼ି ମୁଁ ଲେଉଟିଆସେ
ମୋ' ଘରର ଝରକା ପାଖକୁ।
ସେ ମୋର ନହେଲେ ବି ମୁଁ ତାର ନିଜର।
ଚିରା କନାରେ ଗୁଡ଼ାହୋଇ କେଉଁଠି
କେଉଁ ବାଉଁଶଝାଡ଼ ଭିତରେ,
ପାଚିଲା ପତ୍ର ଓ ଫେଣର ଭଉଁରିରେ
ମୁଁ ଥିରିଥିରି ଖୋଲିବି ଆଖି,
ଖୋଜିଯିବି ତାକୁ ଆଉଥରେ।

■

ମୃଗୁଣିସ୍ତୁତି

ମୋ' ଆଖି ଚାରିଆଡ଼କୁ ଦେଖୁଥାଏ
ଏକାବେଳକେ ଚାରିଆଡ଼।
ଏକେ ତ ଜଙ୍ଗଲରେ ଘର
ଦୁଜେ ପିଲା ଯୋଡ଼ିକ ଅଜ୍ଞାନ ବାଳୁତ,
ସାପ କ'ଣ, ବାଘ କିଏ, କିଏ ଅବା ବଳିଆ କୁକୁର
ଏଯାଏଁ ଚିହ୍ନି ନାହାଁନ୍ତି।
ଅସଜ ଦେହର ଭାର,
ସେଥିରେ ପୁଣି ବିଜୁଳି ଚମକ ଭଳି
ଗୋଇଠା ମାଡ଼ ଆଉ ଗୋଟିକର।

ମୋ' ଆଖି ତେଣୁ ଚାରିଆଡ଼କୁ ଦେଖୁଥାଏ,
ଛୁରି ପରି କାଟି ଦେଉଥାଏ
କି ଆଲୁଅ କି ଅନ୍ଧାର
କି ବୁଦା କି ପତ୍ରଗହଳ।

ତମେ ମୋର ଏତକ ଚେଷ୍ଟାକୁ ବି ଭାବିଲ
ଅହଙ୍କାର ବୋଲି।
ପାଣି ଯଦି କହେ ମୁଁ ବହିଯାଉଚି ଟିକିଏ ଜୋର୍‌ରେ
ସେ କ'ଣ ପୂରା ବନ୍ଧ ଭାଙ୍ଗି ଦେଉଥାଏ ?

ଏବେ ବି ମତେ ଠିକେ ଠିକେ ସବୁ ଦିଶିଯାଉଚି,
ଏ ପାଖେ ନିଆଁର ଜିଭ ଲହ ଲହ
ସେପାଖେ କୁକୁର,
ଆଗରେ ବ୍ୟାଧ, ପଛରେ ଛନ୍ଦାଛନ୍ଦି ଜାଲ।
ମୋର ବୋଲି କେବଳ
ମୋ' ସଂସାର, ମୋ' ଭୟ

ମୋ' ହାତରେ ଟିକକ ସମୟ
ପଦ୍ମପତ୍ରରେ ଟୋପାଏ ପାଣି ପରି।
ତମ ଆଖିକି ତ ଠିକ୍ ଦିଶୁଥିବ,
ବଡ଼ ଆଖି ବୋଲି ତମର ଖ୍ୟାତି ଅଛି।
ସେ ଆଖିକି ସବୁ କ'ଣ ବଡ଼ ହୋଇ ଦିଶେ ?

ତମର ଯଦି ମେଘ ବର୍ଷା ପବନ
ପଠାଇବାକୁ ଇଚ୍ଛା ପଠାଇବ ତ, ରହ।
ମୁଁ ଟିକିଏ ଆଗକୁ ଯାଏ, ପଚାରେ ବ୍ୟାଧକୁ
କାହିଁକି ରେ ତୋର ଏ ଆୟୋଜନ !
ତୋ' ପିଲାଛୁଆଙ୍କ ଭୋକ ନା ତୋ' ଗର୍ଭିଣୀ ଭଉଣୀର
ଦୋହଦ ହୋଇଚି ମୃଗ ମାଂସରେ ?

କିଏ ଜାଣିଲା, ସେ ଯଦି ମୋର ଭାଇ ହୋଇଯାଏ !
ମୋର ଆଉ ନା ଆଖିର ତା ତମ ମେଘ ବର୍ଷାର ପ୍ରୟୋଜନ;
ମୁଁ ତମଠୁ' ଅଧିକା କିଛି ମାଗି ପାରେ, ନେଇଯାଇ ପାରେ,
ତମ ବଡ଼ ଆଖିର ଖାତିର୍‌ରେ।

■

ପ୍ରଜାପତି ପ୍ରତି

ଥରେ ଦେଖିଚି ଶୁଖିଲା ଚାରାଗଛରେ ତତେ
ନିଶ୍ଚଳ ହୋଇ ଲାଖି ରହିଥିବା,
ବିସ୍ତାରିତ, ନାନା ଚିତ୍ରରେ ଚିତ୍ରିତ ତୋ' ପକ୍ଷୀ ତଳେ
ଅଟକାଇ ରଖିଥିଲୁ ବା
ମାଟି ମୁଣ୍ଡ ହଲାଇ ଶେଷଥର କହିଥିବା ନାହିଁକୁ,
କାଳେ ମାଡ଼ିଯିବ ବୋଲି ଅନ୍ୟ ଚାରାଗଛକୁ।

ଆଉ ଥରେ ଦେଖିଚି ଫୁଲଙ୍କ ମେଳରେ ତୁ ଫୁଲ,
ତାରାଙ୍କ ମେଳରେ ତୁ ତାରା,
ମୁଁ ତତେ ମୋଟେ ଦେଖି ନଥାନ୍ତି, ଅଟକି ନଥିଲେ
ସାପକୁ ବାଟ ଛାଡ଼ି ଦେବାକୁ ଅନ୍ୟ ଗୋଟେ ମନକୁ,
ସେ ମନ ବି ମୋର ହୁଅନ୍ତା, ହୋଇଥାନ୍ତା
ମୁଁ ତତେ ଦେଖି ନଥିଲେ ଅତର୍କିତେ।

ଆଉ ଯେବେ ବି ଦେଖିଚି ଖାଲି ଝଟ୍‌ପଟ୍ ଝଟ୍‌ପଟ୍
ବୁଦାରୁ ବୁଦାକୁ, କାନ୍ଥ ଉପରୁ ଭଙ୍ଗା ଖପରାକୁ,
ଅଳିନ୍ଦରୁ ନିଳୟର ଦାଢ଼କୁ, ସ୍ନାୟୁରୁ ସ୍ନାୟୁକୁ,
ଅସହଜ ବୋଝରେ କାନ୍ଧ କାଟିଲାଣି ବା
ଜାଗା ଖୋଜୁଚୁ ଓହ୍ଲାଇ ଦେବା ପାଇଁ,
ସବୁଠି କିଏ କହୁଚି ଏଠି ନାଇଁ, ଏଠି ନାଇଁ...

ତୁ ଏତେ ବେଶୀ ଆମ ପରି, ମଣିଷଙ୍କ ପରି ଯେ
ମନ ହେଉଚି କୁଣ୍ଢେଇ ପକାନ୍ତି ତତେ,
ତୋ' ଦେହର ରଙ୍ଗରେ ବୁଡ଼ାଇ ଦେଇ ତୂଳୀ
ଆଙ୍କି ଯାଆନ୍ତି ଆକାଶ ସାରା ପବନ ସାରା
ସେ ସ୍ୱପ୍ନ ଯା' ଆମକୁ କେବେ ପାଶୋରି ଦେବ ନାହିଁ,
ଆମେ ଯେତେ ନିଶ୍ଚଳ, ସ୍ଥିର ହୋଇଗଲେ ବି।

■

ଫୁଲମତୀ

ବେଣୀରେ ଫୁଲ ଲଗାଇ ଫୁଲ୍‌ମତୀ ଯାଉଚି
ରେଲ୍‌ଲାଇନ୍ ପୋଡ଼ା କୋଇଲା ଅରଖ ଗଛ ଟପି,
ଫୁଲ୍‌ମତୀ ଯାଉଚି କଥା ରଖିବାକୁ,
ବାସ୍ନା ତେଲରେ ମହକୁଚି ଦିଗ୍‌ବିଦିଗ।

ଫୁଲ୍‌ମତୀ ଫିଙ୍ଗୁଚି ପଥରଟେ ଉଠେଇ
ମଲା ଗୋରୁକୁ ଖୁମ୍ପୁଥିବା କୁଆ ପଲକୁ,
ପାଣି ଆଡ଼େଇ ଆଡ଼େଇ ଡାଳ ଆଡ଼େଇ ଆଡ଼େଇ
ଏକା ଝୁଙ୍କ୍‌ରେ ଚାଲିଚି ଫୁଲ୍‌ମତୀ ଦୂରକୁ ଦୂରକୁ।

ସେମାନେ ତାକୁ ଆଜି ବସାଇ ନେଇଯିବେ ଟ୍ରକ୍‌ରେ,
ତାକୁ ବାଜି ରଖି ଆଜି ଖେଳ ହେବ,
ସେ ହିଁ ଠିକ୍ କରିବ ଜିଣିଲା କିଏ ଆଉ ହାରିଲା କିଏ,
ତାରି ନିର୍ଦ୍ଦେଶରେ ଆଜି ସବୁ ଆଲୁଅ ଲିଭିବ।

ଫୁଲ୍‌ମତୀ ଫେରୁଚି, ଭାରି ଭାରି ଦିଶୁଚି ଚାଲି ତା'ର।
ଫୁଲ୍‌ମତୀ ତା' କଥା ରଖିଚି, କଥା ତ ଥିଲା
ସେ ସେମିତି ଚାଲିଯିବ ବେଣୀରେ ଫୁଲ ଲଗାଇ
ଥରେ ମାତ୍ର ପାଣି ଜଙ୍ଗଲ ଆଖିର ଆର ପାଖକୁ।

ଏବେ ସେ ଫେରିଆସୁଚି, ନିଶ୍ଚିତରେ ଆମର
ବ୍ୟଗ୍ର ବାହୁପାଶକୁ ନୁହେଁ, ତା'କୁ ଡାକ୍‌ନା, ମୂର୍ଖ,
ଆମର ନିଜସ୍ୱ ହୋଇ ନଥିବାର ଦୁଃଖ ପରି
ଏପାଖ କାଟେ ସେପାଖ କାଟେ ତା' ଅଣ୍ଟାର ଛୁରି।

■

ସ୍ୱୟମ୍ବର

କାଲି ରାତିର ନିବିଡ଼ ନୀଳିମା ଭିତରକୁ ଅଚାନକ
ତୁ ଆସିଥିଲୁ, ଶୁଣିଲି ।
କେବେଠୁ, ଶିଖିନେଲୁଣି ଘାସର ଅଭ୍ୟାସ,
ଏଠି ସେଠି ଉଠିବା ?

ମୁଁ ମୋର ଖୋଳ ବଜାଇ ବଜାଇ ଚାଲିଥିଲି
ଦୁଇ ମରୁଭୂମିର ମଝିରେ,
ଯୋଡ଼େ ମଲା ଚଢ଼େଇଙ୍କ ମଝିରେ,
ସାମାନ୍ୟ ପାଉଁଶ ଟିକକର ସମ୍ଭାବନା ଆଡ଼କୁ ।

ଶୁଣିଲି ତୁ ସଜାଇଦେଇ ଯାଇଚୁ ଘର ମୋର,
ନାନା ସୁନ୍ଦର ନାହିଁର ଫୁଲପକା ବିଛଣା ଚଦର
ସଜାଡ଼ି ରଖି ଦେଇଚୁ ମୋ ଆଲିଙ୍ଗନ ଓ ଆତଙ୍କର
ଖଟ ଦାଢ଼ରେ, ତୋର ଅକଳ୍ପନୀୟ ଶୈଳୀରେ ।

କଥା ନଥିଲା, ତୁ ମୋର ଭାଗ୍ୟ ହୋଇଥିଲେ ।
ତୁ ମୋର ବିଗତ ଅହଙ୍କାରର ଆତତାୟୀ,
ତୋର ଖୋଜ୍ ନେବାକୁ ମତେ ଲାଗିପାରେ
ଅନେକ ଅନେକ ବର୍ଷ ଶୀତ କାକରର ।

ଜାଣିଚୁ ଋଷି ମୁନିଙ୍କ ତପସ୍ୟା ସରିଗଲାଣି,
ନିଭିଗଲାଣି ଯଜ୍ଞକୁଣ୍ଡର ନିଆଁ,
କଳା ମାଟି ଆଦରି ନେଲାଣି ତା'ର ନୀରବତା,
ସତର୍କତା ଶିଖିନେଲେଣି ଯାବତୀୟ ସୁଖ

ଏ ଜୀବନର, ଏ ଗୌଣ ପରାଭବର ।
ସବୁତକ ଆଲୁଅ ଜଳାଇଦେଇ ଏ ଘରର
ମୋର କିଛି ଦେଖିବାର ନାହିଁ, ଶିଖିବାର ନାହିଁ,
ନିଦରେ ବୁଜି ଯାଇଥିବା ଆଖିର ମୁଦ୍ରା ଛଡ଼ା ।

ତୁ ଯେଉଁଠି ଅଛୁ ଥା' ତୋ' ସୁଖରେ,
ମୁଁ ମୋର ଚାଲିଥାଏ ଏ ଛନ୍ଦର ଛନ୍ଦ ଧରି
ଯେଉଁଥିରୁ ନା କିଛି ଖସିଯିବାର ଅଛି
ନା କିଛି ମିଶିଯିବାର ଅଛି ତୋ' ସ୍ୱର ପରି

■

ଅପେକ୍ଷା

ଏ ଶିରା ଧମନୀର ରକ୍ତ ନିର୍ଜନ
ଗୋଲାପକୁ ଫେରିଯିବ,
ଏ ଅସ୍ଥି ଚମକାଇଦେବ ମାଟିକୁ
ଭବିଷ୍ୟତର ଶୁଭ୍ରତାରେ,
ଏ ମାଂସ ତୋର ପ୍ରତିଶ୍ରୁତିର ଛୁରି ଅଗରେ
ଲାଗି ରହିଯିବ ଚିରକାଳ।

ଜାଣି ସୁଦ୍ଧା ମୁଁ ଗଲି ଏପରି ସହରକୁ
ଯେଉଁଠି ଆକାଶରେ ପତଳା ଜହ୍ନଟିଏ,
ଅକ୍ଷର ଧୋଇଯାଇଥିବା ଚିଠିର ଟୁକୁରାଏ ପରି।
କେଉଁ ବାଟହୁଡ଼ା ରାତିର ସମ୍ଭାବନାରୁ
କ'ଣ ବା ଆଉ ମିଳେ ?

ତୋର ଶପଥ ଥିଲା ଅଚାନକ, ଆଚମ୍ବିତ।
ତୋ' ମୋ' ଭିତରେ
କୌଣସି ପୃଥିବୀର ନୀଳାମ୍ବର ଚତୁରପଣ
ପୁଚ୍ଛ ଟେକି ଠିଆ ହେବ ନାହିଁ।
ଛାଇ ହୋଇଯିବା ଛଡ଼ା ତୋର ଅଜ୍ଞାତରେ
ମୋର ବା କି ଗତ୍ୟନ୍ତର ଥିଲା ?

ଏବେ ଯେହେତୁ ହାତରେ ତୋର
ସକଳ ସୂର୍ଯ୍ୟକୁ ତୁ ଧରି ରଖିଛୁ,
ମୁଁ ଚେଷ୍ଟା କରୁଚି ଶିଖିନେବାକୁ
ସମସ୍ତ ପକ୍ଷୀଙ୍କର କଳରବ,
ଅନ୍ତତଃ ଆଉ ଗୋଟାଏ ଦିନ ତ
ମୋର ଅପେକ୍ଷାକୁ ଦୀର୍ଘ କରିଦେବ।

କ୍ଷୀଣ ହେବାର ସୌଭାଗ୍ୟ ମୋ' ମୁଣ୍ଡ ଉପରେ
ଛତିତ୍ରାସ ପରି।
ଏତିକି ହିଁ ମୋର ଜ୍ଞାନ।
ବିନ୍ଦୁଏ ଛାଇର ଅନାବିଷ୍କୃତ ଅଭ୍ୟନ୍ତରରେ
ଉଦ୍ଦାମ ଅତୀତଟିଏ ଚେଇଁ ଉଠିବ କି ଅକସ୍ମାତ୍! ସେ ଭୟରେ

ପତ୍ର ଗହଳକୁ ମୋର ଯାତ୍ରା ଏଣିକି
ଅବାରିତ, ଅଖଣ୍ଡ। ଅବଶ୍ୟ
ମୋର ସମ୍ପୂର୍ଣ୍ଣତାର ନୌକା ଭସାଇ ନେବାର
କର୍କଶ ସାହସ
ନଦୀର ଅଛି କି ନାହିଁ ଏଯାଏଁ
କୌଣସି ମୃତ୍ୟୁ କହିପାରି ନାହିଁ।

ପୁନର୍ବାର ମୁଁ ଅପେକ୍ଷାରେ
କାହାର ନୁହେଁ, କିଛିର ନୁହେଁ;
ପବନ ବହିବା କଥା କହୁଥିବ,
ପତ୍ର ଝଡୁଥିବ ଗଛରୁ,
ଏକଦା ଅକ୍ରାନ୍ତ ତୋର
ଅବୟବର ଆକାଶରେ ଝଲସୁଥିବ କ୍ଷମା।

■

ପରିଧି

କିଏ କେତେବେଳେ କାହିଁକି
କାହିଁକି ମତେ ଯେ କହିଥିଲା
ଉଁଚା ଗଛଡ଼ାଳର ମହୁଫେଣାକୁ ଢେଲା ମାରିବାକୁ!
ଖାଲି ଯା' ମତେ ଜଣାଥିଲା
ସେଥିର ମହୁ ମୋର ନିଜର,
ଦୁଇ ଖଳା ମଝିର ଶଗଡ଼ ଦଣ୍ଡା ଯେମିତି ସମସ୍ତଙ୍କର,
କିନ୍ତୁ କେଉଁଠି ଅଟକିଯାଇ ମୁଁ ତତେ
ଆଖି ମାରି ଦେଇ ପାରେ,
ତୁ ତା' ସ୍ମୃତିକି ସାଇତି ସଂପାତି
ରଖିଦେବୁ ବୋଲି ତୋ' ଗର୍ଭରେ।

ଏମିତି ଚମତ୍କାର ଦଂଶନଶୀଳ ଭୁଲ୍‌ଟିଏ
ମୁଁ କରି ବସିଲି !
ଯେଉଁ ବାଟରେ ଲୋକେ ଗଲେ ସୂର୍ଯ୍ୟ ଆଡ଼କୁ, ସମୁଦ୍ରକୁ,
ବାଡ଼ି ବୁଲାଇ ବୁଲାଇ ସମୟ
ଖସିଗଲା ମୋ' ଦେହର ଗାଁର ସୀମାରେ।
କ୍ଷତ କ'ଣ କ୍ଷତି କ'ଣ ମୁଁ ବୁଝିଲି ନାହିଁ,
ଚିତ୍‌କାରଟେ ଖାଲି
ଚିତ୍‌ହୋଇ ଗଢୁଚି
ଧୂଳି ଧୂସର ଖରା ଧୂସର ଦାଣ୍ଡରେ,
ମୋର ବୈରାଗୀ ବିଯୋଗ ଚିହ୍ନରେ
ଲଙ୍ଗଳା ରୂପ ଧରି।

ମହୁମାଛିଙ୍କର ନିର୍ଦ୍ଦିଷ୍ଟ କିଛି ମତି ନାହିଁ, ଗତି ନାହିଁ, ରୀତି ନାହିଁ,
ଏମିତି ପାଗଳ ପରିଧିଟିଏ ସେମାନେ
ଗଢ଼ିବସିଲେ ଯେଉଁଥିରେ

ମୁଁ ଥିଲେ ତୁ ନାହୁଁ, ତୁ ଥିଲେ ମୁଁ ନାହିଁ,
ଅବାକ୍ ଶୋଭା ତା'ର !

ଆମର ଆଉ ଭେଟ ହେବ ନାହିଁ
କୌଣସି ନିକାଞ୍ଚନ ଖରାବେଳେ,
ସେମାନେ ଫେରି ନଗଲାଯାଏଁ
ଗଛଡ଼ାଳକୁ, ବେଳ ଅଛି ତ
ଫେରିଯିବାକୁ ତୋର ମୋର
ଅକିଞ୍ଚନ ମହୁମାଛିଙ୍କର ?

ସାତଟି କବିତା

(ଏକ)

ବେଶ୍ ଦୂରରେ ଥିଲା ସମୁଦ୍ର
ଯେଉଁଠି କି ମୁଁ ତତେ ନେବାକୁ ଚାହିଁଥିଲି,
ଠିକ୍ ଯେମିତି ମତେ କିଏ ନେଇ ଯାଇଥିଲା
ତୋର ଅବୁଝା ପଣର କଞ୍ଚା ଆଖି ଆଗକୁ।

ସମୁଦ୍ର କ'ଣ ଦେଖିଥିବ ? ସୂର୍ଯ୍ୟ ବୁଡ଼ିବା
ନହେଲେ ଆମ ବାହୁବନ୍ଧନୀ ଶୁଖି ଆସିବା ଅରତୁରେ।
ଆଜି ସୁଦ୍ଧା ମୁଁ ପ୍ରାୟ ଟପି ଆସିଲିଣି
ସବୁ ଅଭାବ ଓ ଆଘାତର ଅପ୍ରସ୍ତୁତ ମୁହଁ।

ତୁ ଯେଉଁ ସୁଖ ଏଯାଏଁ ଜାଣିନାହୁଁ
ତା' ଦାବି କରିବାର ଅନିବାର୍ଯ୍ୟତା
ମୁଁ କେଉଁଠୁ ଶିଖିଲି ? ନିଆଁ ପାଣିରୁ, ଆକାଶରୁ
ନା କୋଇଲି ଡାକୁଥିବା ଆମ୍ବଡ଼ାଳରୁ, ବିଜୁଳିରୁ ?

ଦିନେ ନା ଦିନେ ମୁଁ ତତେ ନେଇଯିବି
ଭୋକ ଆର ପାଖରେ ଲୁଚିଥିବା ଉପତ୍ୟକାକୁ;
କାଳେ ତୋର ପଥର ଓଠ ଟିକିଏ ଚଞ୍ଚଳ ହୋଇଉଠିବ
ଭୟରେ ବା ମୟୂର ଦେଖିବାର ସମ୍ଭାବନାରେ।

ମୟୂର ବି ସମୁଦ୍ର ପରି, ଖାଲି ଯାହା
ଭିନ୍ନ ଉଭୟଙ୍କର ଦେଖିବାର, ବୁଝିବାର ରୀତି;
ନୀଳ ଝଲମଲ ରଙ୍ଗରେ ଯଦି ମୁଁ ବୁଡ଼ିଯାଏ,
ମୋର ବିଦାୟ କ'ଣ ନାଚି ନାଚି ଆଗେଇଯିବ ତୋ' କୋଳକୁ ?

(ଦୁଇ)
ପୂରା ଗୋଟାଏ ଦିନ ମୁଁ ଦେଇଦେଲି ତୋ' ହାତରେ;
କ'ଣ କଲୁ ତୁ? ଅପେକ୍ଷା, ଅପେକ୍ଷା, ଅପେକ୍ଷାରେ କଟିଗଲା?
କାହାର? ତୁ କହୁଚୁ ତୁ ଜାଣୁନା।
ତୁ କିନ୍ତୁ ତିଆରି ଦେଲୁ ଆଉ ଗୋଟିଏ ଦିନ,
ମୋ' ହାତ ବଢ଼ାଇ ହୋଇ ରହିଚି ପାଇବା ପାଇଁ।

ଅଜ୍ଞାନରେ ଏମିତି ସୃଷ୍ଟି ହୁଏ ଚଢ଼େଇର, ମଞ୍ଜିର;
ଏପରିକି ଲୋଡ଼ା ହୁଏନା ଥରେ ବୁଲି ଚାହିଁଦେବା ପାଇଁ।
ତୁ ତୋର ସାଙ୍ଗ ସାଥିରେ ସୁଖ ଦୁଃଖ ହେଉ,
ମୁଁ ଆଗେଇଯାଏ ନୀତିନିୟମର ଐଶ୍ୱର୍ଯ୍ୟ ଆଡ଼କୁ।
କେତେ କିସମର ଫୁଲ ଘେରିଯାନ୍ତି ଗୀତ ଚାରି ପାଖରେ।

ଏବେ ମୋର ଆକାଂକ୍ଷା-ଶେଷ ଗୀତଟି ଗାଇଦିଅନ୍ତି,
ଶେଷ ଫୁଲଟିକି ଛୁଇଁ ଦିଅନ୍ତି ବିଭୋରତାରେ।
ନା, ନା, କହୁଚି ରକ୍ତ, ନୀଳ ଲୋହିତ ଦିଗନ୍ତ, ସୂର୍ଯ୍ୟ।
ବହୁ ଶତାବ୍ଦୀ ଧରି ମୁଁ ଚିହ୍ନିଚି ଜାଣିଚି,
ସେମାନେ ଉଚ୍ଛୁଳାଇ ଦେବେ ମୋ' ହାତମୁଠା
ଅନ୍ତତଃ ତୋର ସ୍ମୃତିରେ।

(ତିନି)
ଦର୍ପଣ ଆଗରେ ତୋର ଠିଆ ହେବାର ଭଙ୍ଗୀ-
ସତେ ଯେମିତି ଦର୍ପଣ ତତେ ଚାହିଁ ରହିଚି, ରହିଥିବ
ଚିରକାଳ। ମୁଁ ଜନ୍ମ ହେଉଥିବି, ବାପା ହେଉଥିବି, ମରୁଥିବି।
ତୁ ଫେରି ଚାହିଁବୁ ନାହିଁ ଘାସ ଭିତରେ ପଡ଼ିଥିବା କପ୍‌କୁ।

ବାଲିବନ୍ତ ଶିଖରେ ଠିଆ ହୋଇ ତୁ ମୁଣ୍ଡ କୁଣ୍ଡାଉଥିବୁ,
ଫୁଲଗୁନ୍ଥି ଦେଉଥିବୁ ବେଣୀରେ ଝଞ୍ଜା ପବନରେ;

ଏତିକି ପରାକ୍ରମ ତୋର ସହ୍ୟ କରିନେବ ପୃଥିବୀ
କାରଣ ସେ ପୃଥିବୀ ତୁ ନିଜେ। ମୁଁ ଅପଦାର୍ଥ ଦର୍ପଣ।

ମୁଁ ନିଜକୁ କେବେ ଦେଖି ପାରିବି ନାହିଁ, ଯଦି ତୋର
ବାହୁ ବେଢ଼ାରେ ମୁଁ ସୀମିତ ନ ହୋଇଚି, ଜ୍ୟାମିତି ନ ହୋଇଚି,
ଜନ୍ମ ନ ହୋଇଚି, ନ ଶିଖିଚି ଅଭାବ ଓ ମୃତ୍ୟୁର ସ୍ଥିରତା,
ମୋର ଭାଷା କେବଳ ନିର୍ନିମେଷ ଆଖିରେ ଚାହିଁ ରହିବାର।

ଆ' ଯେତେବେଳେ ଅନ୍ଧାର ଘେରି ରହିଚି ଚତୁର୍ଦ୍ଦିଗ,
ଗହୀର ଗଣ୍ଡ ଭିତରକୁ ଖସିଯିବା ପଦ୍ମନାଡ଼ରେ ଛନ୍ଦିଛାନ୍ଦି ହୋଇ,
ଆମେ ପରସ୍ପରକୁ ଦେଖି ପାରିବା ନାହିଁ, ଚୋରାଇ ନେବା
ସେଇ ଟିକକ ଆଲୁଅ ଯାହା କେବେ ଆଲୁଅର ନୁହେଁ କି ନଥିଲା।

(ଚାରି)
ଅନେକ ଥର ଶୁଣିଚି ତୁ କହିବାର ଫୁଲକୁ
'ମଉଳି ଯା' ନା', ଚିଠିକୁ, 'ହଜିଯିବୁନି ବାଟରେ',
ଅନେକ ଥର ଦେଖିଚି ତାର ଭଳି ଲମ୍ବାଇ ଦେଇଚୁ
ମୁହୂର୍ତ୍ତକୁ, ହାଲ୍‌କା ଶବ୍ଦଙ୍କର ଝୁଲିରହିବା ପାଇଁ।

ଆଜି ପବନ ବହିଛି ଖୁବ୍, ବର୍ଷା ହୋଇଚି।
କାହାରି ଲୋଡ଼ା ନଥିବା ସୁଖ ମୁଁ ବାଣ୍ଟିଚାଲିଚି,
ଦେଇ ଚାଲିଚି ଅବିରତ, ଦେଇ ସାରିବା ପରେ
ବାକି ଯାହା ରହିଚି ତା' କେବଳ ପାଣିର ଓଜନ।

ଫୁଲମାନେ ସତେଜ ଅଛନ୍ତି ତୋର ବଗିଚାରେ,
ଚିଠି ଡାକି ଆଣିଚି ତା'ର ଉତ୍ତରକୁ। ଅଥଚ
ପବନର ଝଡ଼ାଇ ନେବାର ଅଧିକାରରେ କଳଙ୍କି ଲାଗିନାହିଁ,
ବର୍ଷା ହଜିଯାଇନି ବାଟରେ।

ମୋ ଉତ୍ତରର ଉତ୍ତର
ଆସିବାର ଆଶା ମୁଁ ରଖିନାହିଁ କାରଣ
ପବନ ସୃଷ୍ଟି କରେ ଖାଲି ଜାଗା, ପବନ ହିଁ ଭର୍ତ୍ତିକରେ।
ତା'ର ଭଣ୍ଡାରଘର କେଉଁଠି ମତେ ଜଣାନାହିଁ।
ତୋର ଚୋରା ହସରେ ଅବା ଯଦି ମୁଁ ତା'ର ଠିକଣା ପାଇଯାଏ।

(ପାଞ୍ଚ)
ତୁ ଆସି ପହଞ୍ଚିଲାବେଳକୁ କେମିତି ମତେ ଦେଖିବୁ ?
କି ରୂପରେ ? ଆକାଶହୀନ ତାରା ନା ସମୟର ତରଳ ଚମ ଉପରେ
ଡେଇଁ ଡେଇଁ ଛୁଇଁ ଛୁଇଁ ଦୌଡ଼ିଥିବା ଖପରାକୁ ?
ମୁଁ ଜାଣେ କେଉଁଟା ହେଲେ ତତେ ଭଲଲାଗିବ ନାହିଁ,
ତୁ ଭଲପାଉ କୋଇଲିର ଦୁଇ କୁହୁ ଡାକ ମଝିର ନୀରବତାକୁ।

ମୁଁ ଭଲପାଇଚି ଅନେକ କଥା- ନୂଆ ବହି, ସମୁଦ୍ର କୂଳର
ଭଙ୍ଗା ଘରଦ୍ୱାର, ସ୍କୁଲ ପଛରେ ଲୁଚି ଆମ୍ବୁଲ ଚାଟୁଥିବା ଭଉଣୀକି,
ପାଞ୍ଚସେଲିଆ ଟର୍ଚ୍ଚ ଆଲୁଅ ଆଗରେ ଅପଦସ୍ଥ ଠେକୁଆ,
ମୋ ହାତମୁଠାରେ ଲାଜରେ ଜଡ଼ସଡ଼ ତୋର ଆଙ୍ଗୁଠି,
ଆଉ ମୋର କ୍ରମାଗତ ବଢ଼ିଚାଲିଥିବା ନିପାରିଲା ପଣ।

କାଲି ସଞ୍ଜରେ ସେ ଫେରିଲା ପ୍ରବାସରୁ, ହୁଏତ ଜେଲ୍‌ରୁ,
ହୁଏତ ଅନ୍ୟ କୌଣସି ଗ୍ରହରୁ, ପାଦ ପକାଇ ପକାଇ
ଚୁପ୍ ଚୁପ୍ କାକରଭିଜା ଘାସରେ, ଅବୋଲକରା ମଣିଷଟେ।
କି ଅବା ତା'ର ଆକର୍ଷଣ ? ତେବେ ଦେଖ୍, ଦେଖ୍ ତା' ଅନିବାର୍ଯ୍ୟତା
ଠିଆହୋଇଚି, ହସିଲା ପରି ଦିଶୁଚି, ତୋ' ମୋ' ମଝିରେ।

(ଛଅ)
ମୋ ଚିଠି କେଡ଼େ ନିଃସଙ୍ଗ, କେଡ଼େ ନିରପରାଧ,
ନହେଲେ କ'ଣ ପଡ଼ିଲା ମାତ୍ରେ

ଫାଙ୍କା ଡାକ ବାକ୍ସର ତଳେ ଯାଇ ପିଟିହୁଅନ୍ତା ଜୋର୍‌ରେ ?
ମୁଁ ଲେଖିଥିବା ଶବ୍ଦଗୁଡ଼ିକ କେବେ ଥରେ ଅତୀତରେ
ତୋ ଦେହର ସୁଗନ୍ଧି ଫଳ ଚାଖିଥିଲେ ।
ଏବେ ସେଗୁଡ଼ିକର ଅର୍ଥ ନାହିଁ, ଅର୍ଥ ନଥାଇ
କେଉଁ ଭାଷା ବା କେତେବେଳେ ଭୁଲ୍ କରିପାରେ ?

ସାରା ଜୀବନ କଟାଇଦେଲି ଚିଠି ଲେଖି ଲେଖି ।
ସବୁ କୁଆଡ଼େ ପହଞ୍ଚିଲେ ଯାଇ ଅନେକ ଡେରିରେ ।
କବରରୁ ସୁନ୍ଦର ଶବ ଉଠି ପୁଣି ଯାଇ ଶୋଇଗଲା ପରେ ।
ଚତୁର୍ଦ୍ଦିଗ ଅନ୍ଧାର ଘୋଟିଗଲା, ଦୟା କ୍ଷମାର ଜାହାଜ
ହଜିଗଲା ଝଡ଼ସଙ୍କୁଳ ହତଚକିତ ବିପର୍ଯ୍ୟସ୍ତ ସମୁଦ୍ରରେ ।
ଏବେ ବି ମୋ ପାଖରେ ଭାଷା ଅଛି, ନିର୍ମମ କଠୋର
ଅଚାନକ ଝଞ୍ଜା ପବନ ପରି ତତେ ନିର୍ବାକ୍ କରିଦେବାକୁ ।

ଅନ୍ୟ ହାତର ଶେଯରେ ଯଦି ତୁ ଲୋଟିପଡୁଥିବୁ
କୌତୁକିନୀ ଢେଉ ପରି, କୂଳରେ ଅନାଇଁଥିବ ଅନ୍ୟଭାଷା
ତୋର ପରିଚିତ ନାନା ମୃତ୍ୟୁରେ ରଙ୍ଗ ବୋଳିଦେବାକୁ ।
ବ୍ୟସ୍ତ ହୋଇଯିବୁନି ଏ ଚିଠି ଯାଇ ପହଞ୍ଚିଗଲେ ।
ତା' କଠୋର ଆଲୋକରେ ତୋ ଆଖି ଝଲସିଯାଇପାରେ ।
ତେବେ ସେ ଯାଇ ପହଞ୍ଚିବ ମୋ ପାଖକୁ ଫେରିଆସିବା ପାଇଁ
ଶାଣ ହୋଇ ଅସ୍ତ୍ର ଫେରିବା ପରି, ସଜଳ ମେଘପରି ।

(ସାତ)
ଆଜି ବା ଆଉ କ'ଣ କହିବି ?
ଉଧାର ଆଣିଥିବା ସ୍ୱପ୍ନ ତ ଫେରାଇବାକୁ ବସିଲିଣି
ଫୁଲକୁ, ପ୍ରଜାପତିକୁ, ସୂର୍ଯ୍ୟକୁ ।
ଅସ୍ୱଚ୍ଛ ସମୟ ଯେ କ'ଣ ଦେଖାଇଥିଲା ମନେ ନାହିଁ,
କ'ଣ ବା ଯେ ଦେଖାଇବ ଥରେ ମୁଁ ନିଃସ୍ୱ ହୋଇଗଲେ,

ଉଲଗ୍ନ ହୋଇ ଠିଆ ହୋଇଗଲେ ନିର୍ଜନ ପାର୍କରେ
ଚତୁର୍ଦ୍ଦଶୀର କାକରଭିଜା ଜହ୍ନ ଆଲୁଅରେ !

ଏ ମନ କିଛି ବୁଝେ ନାହିଁ।
କଇଁଫୁଲରେ ଭର୍ତ୍ତି ହୋଇ ପୋଖରୀ ପରି
ସକାଳୁ ସକାଳୁ ଠିଆ ହୋଇଯିବାର ଦୃପ୍ତ ଭଙ୍ଗୀ ହିଁ
ତା'ର ଶେଷ ଉଲ୍ଲାସ, ଆରମ୍ଭ ଅପରିଚ୍ଛନ୍ନ ପାଣିପଙ୍କ,
ମଝିରେ ନା ଦୟା ଅଛି, ମାୟା ଅଛି,
ଅଙ୍କ ନିର୍ଲିପ୍ତତାର ଘୋଷରା ସ୍ୱଭାବରେ ହିଁ ଆତଯାତ ତା'ର !

ତୋର ଚେଷ୍ଟାରେ ପଶୁପକ୍ଷୀଙ୍କ କଳରୋଳ ଥିଲା;
ବାଛୁରିର ମୁହଁ ଲାଗିଥିଲା ପହ୍ନାରେ;
କାହାଣୀ ଲମ୍ବି ଚାଲୁଥିଲା ଘାସ, ହରିଣ, ମୟୂର ଓ ମେଘ ଡେଇଁ।
ଖାଲି ଏତିକି ରହିଲା- ଆଖି ତଳେ କଳା ଦାଗ,
ଭୁଲ ଗାଡ଼ିରେ ଉଠିଯାଇଥିବାର ସଂଶୟ ଓ
ଅବର୍ଗ୍ୟ ବିଫଳତାର ଭୟ।

ଆଜି ଯାହା କହିବି ଭୁଲ୍ କହିବି କି ଠିକ୍ କହିବି
କ'ଣ ଯାଏ ଆସେ ସେଥିରେ ? ଆମେ ଭାସୁଚେ
ମୁହାଁଣରେ, ମିଠା ପାଣିରେ ନା ଲୁଣି ପାଣିରେ ?
ଆଖି ଝଲସିଯାଉଚି ଏମିତି ଅମର୍ତ୍ତ୍ୟ ଆଲୁଅରେ ଯେ
ବଂଶୀତାନ କି ଉଦ୍‌ଯାନ ବୋମା ବିସ୍ଫୋରଣର ଶବ୍ଦ ପାଇଁ
କାନ ନାହିଁ ଆମର, ବାହୁ ନାହିଁ ପରସ୍ପର ଛନ୍ଦି ହୋଇଯିବାକୁ।

■

ସୁଲୋଚନାର ବାପା

ଗ୍ରୀଷ୍ମ ଛୁଟି ସରିଲା ପରେ ଆସି ଶୁଣିଲି ଯେ
ସୁଲୋଚନାର ବାପା ମରିଯାଇଚି। ତରିଯାଇଚି କହିଲା ସୁଲୋଚନାର ମା'।
ମଦ ଖାଇ ଖାଇ ନଷ୍ଟ ହୋଇଗଲା ଲୋକଟା, ସତେ ଯେମିତି
ନଷ୍ଟ ନ ହୋଇଯିବାର ଅନେକ ବାଟ ଲମ୍ବିରହିଚି ହାତ ପରି
ଆମ ଆଖି ଆଗରେ, ଗୋଟାକୁ ଧରି ଚାଲିଗଲେ ହିଁ ନିସ୍ତାର।

ମୁଁ ତାକୁ କେବେ ଦେଖି ନାହିଁ ସେ ବଞ୍ଚିଥିଲାବେଳେ।
ଏବେ ତାକୁ ଦେଖିହେବ ଫେରିବା ସାରାଦିନ ମୂଳ ଲାଗି,
ମାତାଲ୍ ହୋଇ ମୁଣ୍ଡ ଝୁଙ୍କାଇ ବସିବା ଗାଁ ମୁଣ୍ଡ ବରଗଛ ମୂଳେ,
ବିଲୁଆଙ୍କୁ ଶୋଧିବା, ତାରାଙ୍କୁ, ପିମ୍ପୁଡ଼ିଙ୍କୁ, ଝଡୁଥିବା ଫଳଙ୍କୁ,
ସମୟକୁ କହିବା ଯା' ଯା' ସେଠି ଅନାଇ ବସିଥା, ବେଳ ହେଲେ ଡାକିବୁ।

କାଲି ବଡ଼ି ଭୋରୁ ହୁଏତ ଆସି ପଚାରିବ ବାବୁ, କିଛି କାମ ଅଛି କି?
ମୋର ହଁ ବା ନାହିଁ ତାକୁ ଶୁଭିବ ନାଇଁ, କାନ ନଥିବ ତା'ର,
ନାକ ନଥିବ; ମାଟିର, ନାନା ଫୁଲ ପତ୍ରର ବାସ୍ନା ଚହଟିଯିବ ଯେଉଁଠି
ସେ ଠିଆ ହୁଅନ୍ତା ଆସି। ମୁଁ ଦେଖିବି କେବଳ ଟିକେ ଖାଲି ଜାଗା
ଯେଉଁଠି ମୁଁ ଲଗାଇ ପାରନ୍ତି ଗଛଟିଏ ସୁଲୋଚନାର ବାପା ହୋଇଥିଲେ।

ଲୋକେ ଯାହା କହନ୍ତୁ, ସେମାନଙ୍କ ଅକ୍ତିଆରରୁ ମୁଠାଏ ମାଟି
ଖସି ଚାଲିଗଲା, ଚିହ୍ନିତ ହୋଇଗଲା, ପାଇଗଲା ଅଖଣ୍ଡ ନାଁଟିଏ।
ଆମେ ଯାହା ଭାଙ୍ଗିଦେଉ- କଣ୍ଢେଇ, ଘର, ବୋତଲ, ସ୍ନେହ ସମ୍ପର୍କ-
ସବୁ କିଛି ବସିଥିବେ ଦିନେ ନିଜ ନିଜ ଜାଗାରେ, ସ୍ପଷ୍ଟ, ପ୍ରକାଶ୍ୟ
ସୁଲୋଚନାର ବାପାର ଶବ ଚାରି ପାଖରେ, ଆଲୁଅରେ, ବରଗଛ ମୂଳେ।

■

ଆଲୁଅ

ପାନ ଦୋକାନର ଆଲୁଅ ଥରେ ଜଳା ସରିଚି,
ତା' ଆଉ ଲିଭିବ ନାହିଁ।
ଦୋକାନୀ ତା'ର ଦୋକାନ ବନ୍ଦ କରି ଚାଲିଯିବ ଘରକୁ।
ସେ ଆଉ ଫେରିବ ନାହିଁ ଲିଭାଇବାକୁ;
ମନେ ପଡ଼ିଲା ବେଳକୁ ସେ ଖୋଷଣୀ ଫିଟାଉଥିବ ସ୍ତ୍ରୀ ଅଣ୍ଟାର।

ପବନ ଦୂରରେ ବାଲିପନ୍ତାରେ ବ୍ୟସ୍ତ ଥିବ
ପଚାସଢ଼ା ଶବର ଗନ୍ଧ ଚହଟାଇବାରେ ଚତୁର୍ଦ୍ଦିଗରେ।
ଅନିଦ୍ରା ରେଳଯାତ୍ରୀର ଆଖିରେ ପଡ଼ିବ ବଣ ଫାଙ୍କରେ
ମିଞ୍ଜି ମିଞ୍ଜି ଆଲୁଅ ଟିକେ କ୍ଷଣକ ପାଇଁ।
ତା' ଆଉ କେବେ ଲିଭିବ ନାହିଁ, ନାହିଁ।

ଅନେକ ଗାଡ଼ି ଚାଲିଯିବ ଦିନ ପରି।
ଥରେ କହିଥିବା ଶବ୍ଦଗୁଡ଼ିକ ଆମର,
ଥରେ ମାଗିଥିବା ବିସ୍କୁଟ୍ ଓ ସିଗାରେଟ୍
ଚୁପ୍‌ଚାପ୍ ଖସିଯିବେ ଆମ ଲୋଭର ଜାଲ ପାଶରୁ।
ଭିନ୍ନ ଚରୁରେ ଗର୍ଭ ହେବ ଭବିଷ୍ୟତର।

ଯେତେ ଅତିଥି ଆସିବେ ଆଜି ଆସନ୍ତୁ,
ଯେଉଁଠି ବସିବେ ବସନ୍ତୁ, ଯାହା କହିବେ କହନ୍ତୁ,
ଫୁଲ ଛିଣ୍ଡାନ୍ତୁ, ମାଟି ଓଲଟାଇ ଦିଅନ୍ତୁ, କିନ୍ତୁ

ବାଧ ସେମାନେ ଛାଡ଼ିଯିବା ପାଇଁ ଟିକିଏ ଖାଲି ଜାଗା
ଆଲୁଅ ଟିକକ ଜଳିବା ପାଇଁ, ଜଳି ରହିବା ପାଇଁ।

ନଈ କୂଳରେ ବରଗଛ ମୂଳର ପଥର ସନ୍ଧିରେ
ସରାରେ ସରା ଘୋଡ଼ାଇ ମୁଁ ଲୁଚାଇ ରଖିଚି ଆଲୁଅ,
ଯାହାକି ମୋର ନୂଆ ଜନ୍ମ ହୋଇଥିବା ଭାଇର ମୁହଁ
ଦେଖିବାକୁ ମୋ' ବାପା ଦେଇଥିଲେ ମୋ' ହାତକୁ,
ପୁଣି ମୋ' ହାତରୁ ନେଇ ସେ ଚାଲିଗଲେ ଯେ ଆଉ ଫେରିଲେ ନାହିଁ।

■

ହଁ, ବଂଶୀ !

ହଁ, ବଂଶୀ ! ଆକସ୍ମିକ ଭାବରେ ଏଠି ସେଠି କେଉଁଠି,
ବସ୍‌ଷ୍ଟାଣ୍ଡ୍ କି ଆମ୍ବତୋଟା, କୋଣାର୍କ କି ବାଘର ଆଁ ରେ
ଦେଖା ହୋଇଯାନ୍ତା କି ଆମର, କେଡ଼େ ମଜା ହୁଅନ୍ତା !
କେଡ଼େ ଭଲ ଲାଗନ୍ତା ଦେଖା ହୋଇଗଲେ ଏଠି ସେଠି କେଉଁଠି !

ମାସ ମାସ ବର୍ଷ ବର୍ଷ ଆମକୁ ଲାଗିଗଲା ପ୍ରସ୍ତୁତ ହେବାରେ,
ଆକସ୍ମିକତାର ବେକ ମୋଡ଼ିବାରେ, ଲୁଗା ଚିରି ରକ୍ତ ଛିଞ୍ଚି
ବାଟରେ ଫିଙ୍ଗି ଦେବାରେ, କି କଷ୍ଟ ଅଥଚ କେଡ଼େ ସହଜ ନା ?
ମଲାଣି କି ଗଲାଣି କହି ଯେଝା ଯେଝା ବାଟରେ ଚାଲିଯିବାରେ !

କେଉଁଠି ଅଛ ତମେ ଏତେ ଦିନ ବିନା ଦେଖାରେ, ମୁଁ କେଉଁଠି ?
ଏଯାଏଁ ସ୍ୱପ୍ନ ଦେଖୁଚ ଶରବିଦ୍ଧ କ୍ରୌଞ୍ଚ ପକ୍ଷୀର ଆକସ୍ମିକ
ଖସି ପଡ଼ିବାର ତମ ଆଖି ଆଗରେ ? ମୁଁ ବି ଦେଖୁଚି, ବଂଶୀ !
ଏ ମାଟିର କିନ୍ତୁ ଆଉ ଚମତ୍କୃତ ହେବାର ଅଭ୍ୟାସ ନାହିଁ, ବେଳ ନାହିଁ।

କାଲି ସନ୍ଧ୍ୟାରେ ଦେଖିଲି କଷି ମନ୍ଦାର ଡାଳରେ ପହିଲି କଢ଼ ଧରିଲାଣି,
ଆଶ୍ଚର୍ଯ୍ୟ ଶବ୍ଦଟିଏ ଯେମିତି ଅଚାନକ ବାହାରି ଆସିଲା ଶିଶୁ ତୁଣ୍ଡରୁ।
ଏ ମାଟିର ସତ୍ୟ ବଂଶୀ ! ଯୁଆଡ଼େ ଇଚ୍ଛା ଯାଉଥାଉ, ଦର୍ପୀ, ଉଦାସୀନ।
ମୋର ତମ କଥା ମନେପଡ଼ୁଚି ଏବେ, ତମର ମୁଁ, ପକ୍ଷୀ ପଡ଼ିଚି

ଆଖି ଆଗରେ। ମୋର କ'ଣ ଭୁଲ ହେବ ଯଦି ମୁଁ ଆଶାକରେ
ତା ଦେହରୁ ଶରଟି କାଢ଼ିବାକୁ ମୋ ହାତ ନଇଁ ଯାଉଥିବାବେଳେ
ତମ ହାତ ବି ନଇଁ ଆସନ୍ତା ? କେଡ଼େ ମଜା ହୁଅନ୍ତା, ବଂଶୀ, ସତେ
ଆକସ୍ମିକ ଦେଖା ହୋଇଗଲେ, ରକ୍ତଛିଟା ମିଛ ବୋଲି ଜାଣିଗଲେ !

■

ଗୋପାଳପୁର

ସମୁଦ୍ର କୂଳେ ଏସବୁ ଘଟିପାରେ-
ପ୍ରଫୁଲ୍ଲ ଓ ମୁଁ ଗଳାଫଟାଇ ଗାଇପାରୁ
ପୁରୁଣା ସିନେମା ଗୀତ, ପ୍ରେମ ସୁଧାନିଧିର ଯୌବନୋଦଗମ ବର୍ଣ୍ଣନା।
ଅଧରାତିର ଦେଢ଼ଘଣ୍ଟାର ବୟସହୀନ ଯୋଡ଼େ ଦେହକୁ
ବାରମ୍ବାର ସଙ୍ଗୋଳିପାରେ ପବନ।
ତାରା ନକ୍ଷତ୍ର ଓହ୍ଲାଇଆସି ନାଚିପାରନ୍ତି ଆମ ପାପୁଲିରେ।

ସମୁଦ୍ର ହାତରେ ଆମେ ଛାଡ଼ିଦେଇପାରୁ ସମସ୍ତ ପରାଜୟ
ମୁକ୍ତା କରିଦେବାକୁ। ଆଗର ସର୍କିଟ୍ ହାଉସ୍‌ରେ
ଯେ କେହି ଶୋଇପାରନ୍ତା ଆରାମ୍‌ରେ ସ୍ତ୍ରୀ ବା ଫାଇଲ୍‌କୁ କୋଳରେ ଯାକି।
ଲାଇଟ୍ ହାଉସ୍‌ର ବିଶାଳ ଆଲୁଅ ଠାବ କରିପାରେ ଶତ୍ରୁ ଜାହାଜକୁ।

ଆମେ କାମାକ୍ଷାନଗରକୁ ଆଣି ଠିଆ କରିଦେଇପାରୁ ବାଲିରେ;
ଆମେ ହିଂସା କରିପାରୁ ଫ୍ରେଞ୍ଚ୍ କଟ୍ ଦାଢ଼ିରଖା ଟୋକାକୁ,
ବିମାନଘାଟିରୁ ଯିଏ ଉଠାଇ ନେଇଥିଲା ଅପ୍‌ସରାକୁ ବୁଲେଟ୍‌ରେ;
ଆମେ ଭୁଲିଯାଇପାରୁ ଅପସୃତ ଲୋଭର କୁଶଳୀ ହାତକୁ;
ଭବିଷ୍ୟତର ତୀକ୍ଷ୍ଣଲୋଲୁପ ଆଖିକି ଆମେ ଜବର୍‌ଦସ୍ତ ବୁଜି ଦେଇପାରୁ।

ଆମେ ସରୋଜର ଗାଡ଼ିକୁ ଅପେକ୍ଷା କରିପାରୁ,
ସମୁଦ୍ରରୁ ଉଠାଇନେଇ କଚାଡ଼ି ଦେଇପାରୁ ପାହାଡ଼ ଉପରେ;
ଉଚ୍ଛନ୍ନ କରିଦେଇପାରୁ ସମସ୍ତ ମତ୍ସ୍ୟକନ୍ୟାଙ୍କୁ।
ଆମେ ପାଗଳ ହୋଇଯାଇପାରୁ, ନିଶ୍ଚଳ ହୋଇ ଯାଇପାରୁ,
ଏକାଦିକ୍ରମେ କାନ୍ଦିପାରୁ, ହସିପାରୁ, ଚିତ୍‌କାର କରିପାରୁ।

ଆମେ ବାଲିରେ ବାଲିରେ ଅନେକ ଦୂର ଚାଲିଯାଇପାରୁ,
ଝାଉଁବଣର ଦ୍ୱାରରେ ଛାୟାମୂର୍ତ୍ତିଟେ ଠିଆହୋଇ ଥାଇପାରେ,
ଆମେ ତା'କୁ କ'ଣ କହିବୁ ନିଶ୍ଚିନ୍ତରେ ଭୁଲିଯାଇପାରୁ।

■

ଗୁଡ୍ ବାଇ

ଗଲାବର୍ଷ ଏ ସହରରେ ଆମେ ଅଟକାଇ ଦେଇଥିଲୁ
ଏଗାରଟା ଟ୍ରେନ୍, ଫିସ୍‌ପ୍ଲେଟ୍ କାଢ଼ି ନେଇଥିଲୁ,
ରେଳ ଧାରଣା ଉପରେ ବସି ରହିଥିଲୁ ଭୋକରେ, ରାଗରେ,
କୋଇଲା ଗଦା ସେପାଖେ ଅରଖ ବଣରେ
ସଦ୍ୟ ଜନ୍ମିତ ଭିକାରୁଣୀର ଶିଶୁ ବି ଆମକୁ ଅଟକାଇ ପାରିନଥିଲା।

ତିନିଶ ପଁଷଠି ଦିନ ଭିତରେ ତିନିଶ ପଁଷଠି ଭାଷା ଓ ପ୍ରତିଶ୍ରୁତି
ଆମକୁ ଶୁଣିବାକୁ ମିଳିଲା, ଖର୍ଚ୍ଚ କରିବାକୁ ମିଳିଲା
ବହୁ ରକମର ଶବ୍ଦ, ବାକ୍ୟ ଦୋକାନ ବଜାରରେ,
କୁକୁଡ଼ାର ଚୂଳ ପରି ଲାଲ୍ ସନ୍ତୋଷର ଟାହିଆ ପିନ୍ଧି
ଆମେ ନାଚିଲୁ ସାରାରାତି, ବିଲୁଆ ଭୁକନ୍ତି ଯେତେବେଳେ।

ଆମେ ଫେରିଲୁ ବାପାମାନଙ୍କ ପାଖୁ, ଦେବତାଙ୍କ ପାଖୁ,
ଆକ୍ରୋଶରେ ନୁହେଁ, କିଛି ନା କିଛି ଶିଖି ନ ପାରିଥିବା ଆଶଙ୍କାରେ,
ଆମେ ସେମାନଙ୍କୁ ପଚାରିଲୁ କ'ଣ କିଛି ଛାଡ଼ିଗଲୁ କି ?
ସମସ୍ତେ ଚୁପ୍ ରହିଲେ, କଣ୍ଢେଇ ବାଘ ପରି ମୁଣ୍ଡ ହଲାଇଲେ।
ଆମର ଆଉ ଅନ୍ୟ ସହରକୁ ଯିବାର ଯୁ' ନଥିଲା, ଗଲୁନାହିଁ।

ପୁଣି ଏ ବର୍ଷ ଆମେ ଅଟକାଇ ଦେଲୁ ଏଗାରଟା ଟ୍ରେନ୍,
ପ୍ରତ୍ୟେକରେ ଗୋଟାଏ ଶବ ହିଁ ଏକମାତ୍ର ଯାତ୍ରୀ ଓଦା ସରସର,
ଅସ୍ଥିର, ଉଦ୍‌ବିଗ୍ନ, ଆମ ହାତ ଧରି କହିଲେ ବାଟ ଛାଡ଼ିଦିଅ,

ଆହୁରି ଅନେକ ଆମ ସାଙ୍ଗେ ଯିବେ ପର ପର ଷ୍ଟେସନରୁ।
ଆମେ କେବଳ ଏତିକି ପଚାରିଲୁ ଆମେ ଆସିପାରୁ କି ?

ଗୋଟାଏ ଶବ କହିଲା ଅବାନ୍ତର ତମର ପ୍ରଶ୍ନ।
ଆଉ ଗୋଟାଏ କାନ ପାଖରେ ଆସି କହିଲା, ଅପେକ୍ଷା କର।
ତୃତୀୟ ଶବ କହିଲା କୁଆଡ଼େ ଯାଉଚି ମୋ' ଟ୍ରେନ୍ ଜାଣିଚ କି ?
ଆମେ ହୁଏତ ଜାଣିଥିଲୁ ଉତ୍ତରଟା, ପାଟିକି ଆସିଲା ନାହିଁ;
ସବୁ ଟ୍ରେନ୍ ଛାଡ଼ିଦେଲୁ, ସମସ୍ତଙ୍କୁ ହାତ ହଲାଇ କହିଲୁ ଗୁଡ୍ ବାଇ, ଗୁଡ୍ ବାଇ...

ଅନେକ ଦିନୁଁ ନିଖୋଜ
ଜଣେ ବନ୍ଧୁଙ୍କ ଉଦ୍ଦେଶ୍ୟରେ

ମତେ ଜଣା ନାଇଁ ସେ କେଉଁଠି ଅଛି, ଦେଶରେ କି ବିଦେଶରେ।
ସେ ଖାଲି ଅଛି ବୋଲି ଶୁଣିଲେ ସବୁ ତୁଟିଯାନ୍ତା,
କମ୍ ଫାଙ୍କା ଲାଗନ୍ତା ସନ୍ଧ୍ୟା ଆରମ୍ଭର ସମୟ,
ମ୍ୟୁଜିୟମ୍‌ର ଫଟା ପ୍ରାଗୈତିହାସିକ ବ୍ରୋଞ୍ଜ ଗିନା।

ମୋର ଏତକ ଅସମ୍ପୂର୍ଣ୍ଣ ପୂର୍ଣ୍ଣତାର ଅନୁଭବ ପାଇଁ କେବଳ
ସେ ଏଯାଏଁ କେଉଁଠି ନା କେଉଁଠି ଥିବା ଜରୁରୀ ନୁହେଁ।
କିନ୍ତୁ କାହିଁକି ବାର୍‌ର ଦୂର ଅନ୍ଧାରୁଆ କୋଣରେ ବସିଥିବା
ଦୁଇଜଣଙ୍କ ଭିତରୁ ସେ ଜଣେ ହୋଇନଥିବ ?

ନାନା ମରୁଭୂମି ଓ ସମୁଦ୍ର, ନାନା ଆକାଶ,
ଚନ୍ଦ୍ର ତାରା, ଫୁଲ ଫଳ ଓ ଖରା ବର୍ଷା
ସହି ପାରିବା ପରେ ବି ନାନା ଦିଗରୁ, ନାନା ବାହାନାରେ କାହିଁକି
ଅନାଇଁ ଚାଲିଚି ତା' ମୁହଁକୁ, କଲବଲ ହେଉଚି ହାତ ?

ସାନ ପିଲାଙ୍କ ପରି ବାଲିରେ ଘର କରିଚି, କୂଅ ଖୋଳିଚି
ସମୁଦ୍ର ପାଣି ମାଡ଼ି ଆସିବ ବୋଲି, ବସା ଗଢ଼ିଚି ଚଢ଼େଇ ପାଇଁ
ସେ ହଠାତ୍ ମିଳିଗଲେ ମୋ' ସ୍ୱପ୍ନ ଭୁଶୁଡ଼ି ପଡ଼ିବ, ପଡୁ,
ଛିନ୍ନଛତ୍ର ହୋଇଯିବ କାଠିକୁଟାର ବସା ତା' କୋଳାହଳରେ, ହେଉ।

ଯାହା କିଛି ପୂର୍ଣ୍ଣ ହୋଇଯାଏ ଭାଙ୍ଗିପଡ଼େ। ଉତ୍ସବ ସରିଲେ
ପାଲ, ଚାନ୍ଦୁଆ, ତୋରଣ କାଢ଼ି ନିଆଯାଏ, ବାହୁଡ଼ିଯାନ୍ତି ଲୋକେ।
ସେମାନଙ୍କ ଭିତରେ ସେ ଥିଲା ଅବା। ମୁଁ କେବେ ଜାଣିବି ନାହିଁ।
ମୋର ନଜାଣି ପାରିବାର କାରଣ ବି ତ ନାହିଁ। ତେବେ ସେ ଅଛି

କେଉଁଠି ହେଲେ ନିଶ୍ଚେ କେଉଁଠି, ଭାସୁଚି, ବୁଡୁଚି, ଉଠୁଚି।
ଟିକେଟ୍ ଘର ଜଳାବାଟରେ ହାତ, ପଇସା ପୂରାଇ ଦେଇ ମୁଁ
ଦେଖୁଚି ଟିକେଟ୍‌ବାଲା ଠିକ୍ ତା' ପରି ନିଶ ରଖିଚି, ହସୁଚି,
ସିଟି ମାରି ମୋ' ଗାଡ଼ି ତୀର ଭଳି ଖେଦି ଆସୁଚି ଷ୍ଟେସନ୍‌କୁ।

■

ପକ୍ଷୀ

ଏପାଖେ ଧୁ ଧୁ ଖରାର ପରିଷ୍କାର ଆକ୍ରୋଶ,
ସେପାଖେ ଧୁ ଧୁ ଖରାର ସ୍ପଷ୍ଟ ଅଭିସଂପାତ,
ମଝିରେ ସରୁ ପାଣିଧାର ପରି, କିଶୋରୀର ଭ୍ରୁରୁ ପରି
ଅଦେଖା ଅଚିହ୍ନା ପକ୍ଷୀର କାକଳି।
ନ ଶୁଣିଥିଲେ ହୋଇଥାନ୍ତା। ଅନିବାର୍ଯ୍ୟ ଶୁଣିବା।
ଅନିବାର୍ଯ୍ୟ ପହଞ୍ଚି ନ ପାରିବା କେଉଁଠି ହେଲେ,
କାହାର ହୋଇ ନ ପାରିବା, ମୁଣ୍ଡ ଗୁଞ୍ଜି ନ ପାରିବା
କାହା କେଶର ସୁଗନ୍ଧି ଜଞ୍ଜାଳରେ।

ସାରା ସମୟ ବିତାଇ ଦେଲି ପକ୍ଷୀର ସନ୍ଧାନରେ।
କୌତୁକରୁ ଶୋକ ଯାଏଁ ହାର୍ମୋନିଅମ୍‌ରୁ ସବୁତକ ରୀଡ୍
ଟିପିଗଲି, ମନେ ପକାଇଗଲି ସବୁ ସୁଖ, ଅପବାଦ, ଲାଞ୍ଛନା,
ଉଆଁସ ରାତିର ଅଗଣାର ମଶିଣାରୁ ତାରା ନକ୍ଷତ୍ର ଗଣିଲା ପରି।
ସବୁ ସ୍ପଷ୍ଟ, ନିରାପଦ, ସୁଦୂର।
ଅଥଚ ମୋର ପୌରୁଷ ଆକ୍ରାନ୍ତ ଏମିତି ଅଭାବବୋଧରେ ଯେ
ପକ୍ଷୀକୁ ଠାବ ନ କଲାଯାଏ, ନ ଦେଖିଲାଯାଏ
ଏ ଜୀବନ ନର୍କେ ପଡ଼ିଥାଉ।

ନର୍କ ଦେଖିଲି;
ପ୍ରାର୍ଥନା ତୀକ୍ଷ୍ଣ ଅସିଧାର ହୋଇ କଟିଗଲା
ମୋ ବନ୍ଧୁ ସୋଦରର ଅଙ୍ଗପ୍ରତ୍ୟଙ୍ଗ;
କଳ୍ପନା ଉଠିଲା ଲେଲିହାନ ଅଗ୍ନିଶିଖାରେ,
ନିର୍ବାକ୍ ଅଙ୍ଗାର କୁଢ଼ ଭିତରୁ ଖୋଜି ହେଲା ନାହିଁ,
ଚିହ୍ନି ହେଲା ନାହିଁ ମୋ' ଦାୟାଦଙ୍କର କୋମଳ ମୁହଁ,
ଗମ୍ଭୀର ବିଷାକ୍ତ ମେଘ ଛାଇଗଲା ଦିଗ୍‌ବିଦିଗ

ପଚିବାରେ ଲାଗିଲା ସଢ଼ିବାରେ ଲାଗିଲା ଶବ୍ଦ, କାବ୍ୟ, ମୀମାଂସା ।
କିଛି କିନ୍ତୁ ଶେଷ ହେଲା ନାହିଁ, ଅଦୃଶ୍ୟ ହେଲା ନାହିଁ ।

ପକ୍ଷୀକୁ ମଧ୍ୟ ଦେଖିଲି,
ଶୁଖିଲା ରକ୍ତ, ପିମ୍ପୁଡ଼ି ଓ ଖପରାର ବଳୟ ଭିତରେ ।
ସବୁ ପକ୍ଷୀ ଏମିତି ଖସିପଡ଼ନ୍ତି,
ସବୁ ସୁଖ ଏମିତି ସରିଯାଏ,
ସବୁ ସମୟ ଏମିତି କଟିଯାଏ,
ଯେଉଁ ପକ୍ଷୀର କାକଳି ଶୁଣି ଦୌଡ଼ିଥିଲି କିନ୍ତୁ
ମନେହେଲା ଏ ପକ୍ଷୀ ସେ ପକ୍ଷୀ ନୁହେଁ, ନୁହେଁ ।

BLACK EAGLE BOOKS

www.blackeaglebooks.org
info@blackeaglebooks.org

Black Eagle Books, an independent publisher, was founded as a nonprofit organization in April, 2019. It is our mission to connect and engage the Indian diaspora and the world at large with the best of works of world literature published on a collaborative platform, with special emphasis on foregrounding Contemporary Classics and New Writing.

www.ingramcontent.com/pod-product-compliance
Lightning Source LLC
LaVergne TN
LVHW041645060526
838200LV00040B/1726
* 9 7 8 1 6 4 5 6 0 1 4 2 5 *